58

nedi 10

L'Aventure Humaine
20 bis, Bd. de la Bastille - 75012 Paris
Tel : 44 74 97 06 - Fax : 43 43 32 43

ASSOCIATION DIDEROT

-EDITEUR-

W0242189

Directeur de la publicati
Dominique Lecourt.

Diffusion
Presses Universitaires de France

Commission paritaire n° 75769 AS
ISSN : 1260 - 237 X; ISBN : 2 - 130 47 185 - 4
Dépot légal : juin 1995

Sommaire

EDITORIAL

L'AMÉRIQUE DE LA SCIENCE

Pascal Nouvel

Est-elle bonne, est-elle mauvaise ? Ou bien cette question sans cesse réitérée au sujet de la science aurait-elle quelque chose de factice ? Car qu'est-ce au juste que la science ? Qu'est-ce qui autorise à englober sous ce terme unique les pratiques multiples qu'il désigne ?

Une chose que ces pratiques ont en commun - au moins en ce qui concerne les sciences expérimentales, c'est le lieu où elles s'exercent. Le lieu de la science est le laboratoire, "temple de l'avenir" disait Pasteur. Lieu de culte récent (à peine deux siècles d'âge), zone de transit pour toutes les connaissances scientifiques passées et à venir, district où s'administre la preuve, cantonnement pour la logistique de fabrication du résultat, pour la production et la reproduction de l'expérience.

Mais si le laboratoire est son lieu de naissance, il n'est pas le seul lieu de ses effets : la science a une cousine envahissante, la technologie. Toutes deux sont souvent confondues, comme les deux jambes qui assurent un même mouvement dans la marche. Et cependant leur parenté demeure imprécise (déterminer le degré exact de cette parenté, c'est une chose que nous inscrivons au nombre des questions de l'*Aventure Humaine*). Cousine envahissante, donc. Existe -t-il, en effet, quelque chose qui n'ait été touché par la technologie ? L'art lui-même, l'art au front hautain et à la main habile, n'est-il pas dans quelques-unes de ses provinces porté à s'appuyer sur les technologies les plus récentes ? (question qui fera l'objet du prochain dossier).

Mais tandis qu'il y a presque exactement un demi siècle une bombe vitrifiante et terrifiante se posait avec fracas sur le sol d'Hiroshima, le monde stupéfait s'interrogeait sur ce feu en des termes qui lui faisaient retrouver le chemin du mythe antique de Prométhée. N'avait-il pas dérobé l'intense feu de l'atome ? L'homme n'était-il pas, semblable au titan dont le foie décharné est becqueté par un aigle, enchaîné désormais à ses propres maléfices ? Sa puissance décuplée le navrait en même temps qu'elle l'exaltait.

Si la science augmente la puissance de l'homme, elle ne dit rien en revanche sur ce qu'il doit en faire, l'avenir n'est pas présent à ses yeux. Elle ignore, elle se doit d'ignorer, le fruit qui naîtra de telle ou telle de ses découvertes.

D'où il faut peut-être conclure que la science change tout et ne change rien. L'homme dans un monde gros de science vit autrement et toujours pareil, car la science change les choses mais pas l'homme. Au fond l'homme n'est peut-être pas tout à fait une chose.

Et cependant que nous nous interrogeons de la sorte, la science bat son plein; la science progresse, découvre, démontre, elle va son chemin en épousant les lois du mercantilisme moderne : offre, demande, concurrence. L'organisation de la science est celle d'une féroce compétition intensément collaborative, un jeu où il faut dissimuler la vérité des hommes pour mieux accéder à la vérité des choses. Au cœur de l'aventure humaine, la science bat son pouls. Notre science, notre Amérique, cette vigoureuse passion de l'inconnu est pleine des trucs, des tours de mains, des réflexes, des modes de captation du réel qui ont racines en Amérique, où, voici cinquante ans, Franklin Delano Roosevelt, président des Etats-Unis d'Amérique, prit la décision de réunir les physiciens les plus brillants de leur temps au Fort de Los Alamos, pour construire la première "bombe atomique". Chose plus souple et moins ravageuse, l'organisation des travaux qu'avait nécessité la mise au point de cet engin de mort, fournissait le modèle d'un réseau efficace de compétences tissées entre elles pour produire finalement l'effet voulu.

La science contemporaine s'est largement inspirée de ce modèle. Au chercheur, à qui deux choses sont nécessaires, le rêve et le travail (du rêve pour imaginer ce qui est décisif, du travail pour en faire la preuve), elle demande de moins en moins de rêve, de plus en plus de travail. Il lui faut des *data*, choses sûres et avérées, base tangible de discussion, socle du raisonnement. Cela réclame une armée de fantassins bien équipés, prêts à la double lutte : l'une contre les choses, l'autre contre les concurrents. Toute une armée de fantassins dont les travaux s'éloignent toujours davantage de leurs rêves. Il ne s'agit pas pour chacun d'entre eux d'inventer des moyens neufs pour aborder un grand problème, mais, par exemple, de mettre au point un moyen efficace pour comprendre le rôle de tel acide aminé dans la protéine qui déclenche la synthèse de tel gène. La science contemporaine, pour être rapide et aiguë doit consentir à une telle division des tâches, laquelle exige que soit à son tour organisé, administré ce découpage des travaux. Mais que reste-t-il de nos ferveurs une fois que l'exigence de spécialisation et une organisation du travail nettement plus rationnelle, nettement moins fantasque et imprévisible, en a ratissé le paysage ? Notre Amérique nous aurait-elle trahis ?

DOSSIER

L'AMÉRICANISATION DE LA RECHERCHE

DE LA REDÉFINITION DES PRATIQUES PHYSICIENNES DURANT LA DERNIÈRE GUERRE ET LA GUERRE FROIDE

*Dominique Pestre**

Abstract : The article claims that World War II and the Cold War opened a new era in the practice of physics, that they remodeled the relations between science, technology and the state. The discipline of physics was completely redefined in the process of becoming one of the major actors in the Academic-Military-Industrial complex. The article considers the changes in theoretical and material practices, the new role played by instrumentation in the dynamics of the field, the new political role played by physicists and the fashioning of a new self-image to fit with the new situation.

1. Les décennies 1940 et 1950 sont deux décennies décisives pour l'histoire des pays développés. Ouvertes par une guerre totale à laquelle font suite quinze années de forte tension entre deux blocs déterminés à ne rien céder, elles sont aussi celles où la science vient prendre sa place au cœur du politique et du militaire, de l'économique et de l'imaginaire - pour ne plus les quitter. Dans ce processus d'instrumentalisation radicale des sciences en faveur de la guerre, processus scandé par le projet Manhattan (la construction des deux bombes atomiques américaines pendant la guerre et leur utilisation sur Hiroshima et Nagasaki), par la guerre de Corée (et le développement sur large échelle de l'électronique de dé-

*Diplômé de physique et d'histoire. Directeur de recherche au C.N.R.S., il dirige le Centre de Recherche en Histoire des Sciences et des Techniques de la Cité des Sciences et de l'Industrie. Auteur de deux livres sur les pratiques physiciennes dans la France du XX ème siècle et co-auteur de *History of C.E.R.N.* , il a publié de nombreux articles d'historiographie.

fense et des grands calculateurs), enfin par le Spoutnik (et la course effrénée à l'espace, aux missiles et aux satellites), la production des connaissances scientifiques et technologiques passe d'un statut d'activité quelque peu marginale à celui d'activité centrale pour la société civile et la survie de l'Etat. En vingt ou vingt-cinq ans, l'innovation permanente comme moteur de la sécurité nationale et moyen privilégié de la conquête des marchés devient la norme d'un monde profondément transformé par les nouvelles pratiques scientifiques et techniques[1] .

Ce changement bien connu et emblématique des Etats-Unis et de l'Union soviétique de la guerre froide trouve sa source dans une volonté politique commune aux deux pays de ne pas perdre un pouce de terrain dans la compétition militaro-scientifique qui règle dorénavant les relations Est-Ouest. Les hommes politiques et les chefs d'entreprises sont ceux qui militent le plus ardemment, à l'Ouest, pour que cette mutation advienne, pour qu'elle devienne la seconde nature des sociétés occidentales et que les scientifiques soient installés au centre techno-cognitif (ce qui ne veut pas dire au centre politique) de ce que le général Eisenhower a le premier appelé - pour dire de s'en défier ! - "le complexe militaro-industriel".

Exprimant parfois quelques doutes sur cette mutation et le rôle qu'ils sont invités à y jouer, les scientifiques américains se rallient pourtant, dans leur immense majorité, aux offres qui leur sont concrètement faites - convaincus qu'ils sont par les largesses matérielles que dispensent leurs nouveaux "amis" et par la peur de l'hydre soviétique. Cette attitude en partie hésitante se perçoit bien dans la revue qui lie l'élite physicienne américaine de l'après-guerre, le *Bulletin of Atomic Scientists*. Confiante dans sa seule sagesse, cette communauté doute des politiques, elle appelle pendant des années à un gouvernement du monde dans lequel les scientifiques joueraient les premiers rôles - mais elle se lance massivement dans la préparation de la guerre et la défense du monde libre dès qu'est annoncée l'explosion de la bombe soviétique durant l'été 1949. Dans les années suivantes, la plupart des grands physiciens nucléaires américains iront beaucoup plus loin en entrant directement dans les sphères du pouvoir. Participant aux "*think tanks*" mis en place par

[1]Voir Stuart W. Leslie, *The Cold War and American Science*, 1993, Columbia University Press, New-York.

les stratèges militaires, ils collaboreront alors directement à l'élaboration des formes futures de la guerre[1] .

Ainsi placés au centre du dispositif militaro-industriel, les scientifiques voient leurs pratiques matérielles, aussi bien que leurs comportements culturels et éthiques, se transformer profondément. Contrairement à l'historiographie courante qui tient à présenter la seconde guerre mondiale comme une parenthèse dans une histoire continue de la recherche fondamentale - les scientifiques ont repris leurs recherches "libres" après une période "d'applications" imposées par les événements - je crois heuristiquement plus riche de penser les années d'après 1945 comme se plaçant dans le droit fil des années de guerre, et comme en rupture avec celles des années d'avant le conflit. Le processus est certes d'abord américain et soviétique, pour des raisons de politique internationale qui sont évidentes, mais les contraintes économiques et militaires, comme le besoin de tout chercheur de garder le contact avec le front de la recherche, font que ces outils et pratiques sont rapidement acclimatés en Europe[2].

2. Engageant une croissance quantitative explosive, la science d'après-guerre se définit donc par un changement profond d'objectif et de nature. D'abord, les physiciens, chimistes et mathématiciens se lient de plus en plus organiquement aux ingénieurs des entreprises et des grands organismes nationaux comme le C.E.A., et les frontières s'estompent entre recherches dites fondamentales, conception d'instruments et "développement" (dans le sens de Recherche et Développement). Second changement majeur apporté par la guerre de 1940 et la guerre froide, celui concernant la culture matérielle du milieu. Les outils et appareillages quotidiennement utilisés dans les laboratoires sont rendus méconnaissables par deux ou trois décennies de développement technologique intensif dont les buts premiers sont ceux de la défense. Certes, le nucléaire, les grands équipements de la physique des hautes énergies et les technologies spatiales viennent immédiatement à l'esprit, et à juste titre, mais les changements sont probablement encore plus significatifs,

---

[1] E. Mendelsohn, M.R. Smith and P. Weingart, *Science, Technology and the Military*, 1988, Kluwer, Dordrecht.

[2] D. Pestre, "La création d'un nouvel univers physicien, Yves Rocard et le laboratoire de l'Ecole Normale Supérieure, 1938-1960", in *Ecole Normale Supérieure, Le livre du Bicentenaire* , 1994, J.F. Sirinelli (ed.), PUF, Paris, p. 405-421.

même si moins spectaculaires, dans l'électronique de l'état solide, l'étude des matériaux ou l'optique quantique.

La profondeur de ce renouvellement se manifeste de plusieurs façons. Deux sont particulièrement intéressantes.

D'abord, le développement de l'appareillage quitte le statut "d'à-côté" bricolé de l'expérience pour devenir l'un des moteurs premiers du mouvement scientifique. Les objets techniques passent au cœur du processus de recherche lui-même et deviennent en eux-mêmes des objets d'investigation privilégiés. Stimulant la recherche expérimentale et théorique, ouvrant de nouvelles possibilités, ils sont aussi la "destination évidente" de ces nouveaux savoirs. Deux bons exemples sont ici les technologies radar développées pendant la guerre et la mise au point des masers et lasers. Les premiers, adaptés à d'autres usages par leurs concepteurs physiciens dès la fin des hostilités, sont ainsi à l'origine de nouveaux champs de recherche (les résonances magnétiques et la spectroscopie hertzienne par exemple) et permettent une étude renouvelée des molécules, des atomes et des noyaux. Les masers et les lasers, imaginés et développés dans les années 1950, sont pour leur part des objets fascinants (leur compréhension mobilise de larges communautés de scientifiques pendant des années), ils sont des dispositifs qui génèrent des phénomènes artificiels remarquables (des standards de fréquence comme de la lumière "cohérente") et ils sont des outils aux usages potentiels (scientifiques et/ou industriels et militaires) multiples - et qu'on produit donc industriellement. Acquérant une forte autonomie, ces appareillages et instruments "tirent en avant" la recherche et en structurent le développement. Bricolés, testés, standardisés, ils deviennent des "boîtes noires" qu'on déplace d'un laboratoire et d'un champ à l'autre. Le corollaire de cette évolution dans laquelle l'objet et les savoir-faire prennent souvent le pas sur les savoirs abstraits, est le privilège accordé à la *maîtrise pratique* des phénomènes sur leur "compréhension".

Un second symptôme de cette nouvelle définition des pratiques dominantes de l'après-guerre est la place seconde dorénavant accordée aux théories fondamentales. Certes, il existe toujours des théoriciens "fondamentalistes", mais ceux-ci n'occupent plus la place privilégiée qui avait été la leur dans l'Europe des années 1920 et 1930, celle qui vit éclore la mécanique quantique. Même s'ils n'ont pas le moins du monde disparus, ils sont maintenant minoritaires face aux "phénoménologistes" qui cherchent à rendre compte de la masse de résultats expérimentaux générés par les laboratoires universitaires et industriels. Visant l'obtention de théories localement cohérentes, de théories immédiatement utiles et qui puissent fournir des valeurs chiffrées, ils travaillent étroitement avec les expérimentateurs, leur but est d'obtenir régulièrement des valeurs numériques - et de démontrer une efficacité pratique. Ils collaborent ainsi au développement d'une science de plus en plus intégrée à son environnement social et politique, d'une science dont la règle d'or est devenue la capacité d'agir le plus vite possible sur le monde[1].

3. Ce ne sont pas seulement les sujets abordés et les manières de les traiter qui se déplacent, pas seulement la culture matérielle des expérimentateurs, mais la relation des scientifiques au monde et l'image qu'ils ont d'eux-mêmes.

J'ai rapidement mentionné la participation de l'élite scientifique des Etats-Unis aux "*think tanks*" et autres "groupes de travail" mis en place par les militaires. Le premier d'entre eux est organisé pendant l'été 1950 pour l'Office of Naval Research par Jerrold R. Zacharias, l'un des grands physiciens du M.I.T. Originellement consacré aux technologies de la détection et de la guerre sous-marine, le "séminaire" se permet de déborder largement le programme de travail initial qui lui avait été fixé et considère l'usage des armes nucléaires. Dans leur rapport final, les 22 scientifiques participants proposent en particulier les premières réflexions sur les bombes atomiques tactiques et leur utilisation sur le champ de bataille. Dans les années 1950 et 60, la plus prestigieuse de ces institutions - du fait du nombre de nobélisés qui prennent part à ses travaux - est l'*Institute of Defense Analysis*, cible des étudiants contestataires de 1968. Héritières des pratiques de la *Recherche Opérationnelle* créée pendant la guerre au Royaume-Uni (notamment pour gérer la défense anti-aérienne britannique et l'organisation des convois dans l'Atlantique nord), ces institutions font participer les élites physiciennes et mathématiciennes à l'élaboration des grands schémas stratégiques. Préparant l'arrivée des physiciens au sein du *President's Science Advisory Committee* aux Etats-Unis, ces "*think tanks*" sont l'illustration ultime du nouveau "contrat social" qui lie alors les scientifiques au corps politique.

En Europe, le phénomène existe aussi. Il se met toutefois en place plus tardivement, l'engouement est moins systématique - et la chose se fait plus discrètement, d'une façon

---

[1] S.S. Schweber, "The Empiricist Temper Regnant : Theoretical Physics in the United States, 1920 - 1950", in *Historical Studies in the Physical and Biological Sciences*, 1986, 17 (1), p. 55-98.

moins publique. En France, par exemple, il faut attendre l'arrivée au pouvoir du général De Gaulle pour qu'un tel système soit installé. La création de la D.G.R.S.T. (organisme mis en place par l'Etat entrepreneur pour orienter et contrôler, via des financements spécifiques, la recherche nationale) et surtout celle de la D.R.M.E. (il s'agit de la contre-partie financée par les militaires pour une Recherche-Développement produite dans les laboratoires universitaires et industriels), conduisent à une intégration jusqu'alors inconnue des milieux scientifiques aux milieux techniques et militaires. Les scientifiques sont alors présents aux plus hauts échelons des décisions politiques, des décisions militaires et de celles qui se prennent dans les états-majors industriels. Cette relation reste toutefois moins organique et plus "secrète" pour la *masse* des scientifiques français que pour leurs collègues américains, elle ne s'accompagne pas des mêmes enthousiasmes - la raison première en étant la plus grande variété des attitudes politiques et éthiques et le poids de la culture de gauche dans les milieux scientifiques français.

Pour les physiciens de haut niveau qui mettent en place ces réseaux de par le monde, une motivation assez générale semble être l'élan patriotique, la volonté de défendre leur pays et le monde libre contre le communisme. Cet aspect de croisade pour la liberté est explicite chez beaucoup et la période de création de nombre de ces structures (de la guerre de Corée au Spoutnik) conforte l'hypothèse. On doit ensuite penser au plaisir d'appartenir à l'élite très réduite des experts "techno-stratégiques", au plaisir de vivre dans les allées du pouvoir. On ne doit pas non plus oublier le facteur financier. Participer à ces organismes est lucratif et est une garantie d'avoir accès aux contrats importants qu'on souhaite pour ses laboratoires. Finalement, il faut invoquer le fait que beaucoup de ces travaux sont intellectuellement stimulants et techniquement grisants, qu'ils fascinent malgré eux bon nombre de scientifiques - chacun ayant ici en mémoire les mots de "*technically sweet*" prononcés par un Oppenheimer politiquement réticent, mais scientifiquement admiratif, devant la solution de Bombe H proposée par Teller et Ulam.

4. Quoi qu'il en soit des raisons individuelles, il s'agit d'une altération radicale de la relation des scientifiques au monde. Là où l'image qu'ils donnaient d'eux-mêmes était celle de servants de la vérité construisant un édifice enrichissant la culture humaine toute entière - ce qui était la tradition européenne -, les scientifiques nés à la science pendant les périodes de guerres (chaude puis froide) se retrouvent dans une posture d'implication plus directe dans la gestion

du monde, dans une posture qui ne peut qu'être éloignée des grandes interrogations sur la Science et la nature des Savoirs. Là où l'image qu'ils avaient d'eux-mêmes était celle de grandes individualités pratiquant une discipline intellectuelle développant au plus haut point les vertus morales et le désintéressement, les nouveaux venus se voient d'abord comme des professionnels insérés dans de grands systèmes organisés autour de dispositifs techniques lourds et complexes - et qu'il s'agit de mener à bien (qu'on pense au système électronique "d'alerte avancée" mis en place dans les années 1950 par les Etats-Unis dans le nord canadien, ou au programme "l'homme sur la Lune" de la N.A.S.A. dans les années 1960). C'est que la manière phénoménologique d'aborder et de résoudre les questions qui se répand dans toutes les disciplines (même hors de la "big-science") consacre de fait un certain scepticisme, une sorte de "tout est acceptable" méthodologique, un manque d'intérêt face aux grands débats. Devenu plus empiriste dans ses démarches, le scientifique de la guerre froide est fasciné par le défi technique et cherche d'abord à fabriquer des dispositifs ou des modèles théoriques qui "marchent", qui soient fonctionnels et opérationnels, qui soient efficaces et utiles[1].

P. Forman, "Social niche and self-image of the american physicist" in *The restructuring of physical science in Europe and the United States, 1945-1960*, 1989, Word Scientific, Singapore, p. 116-138.

D. Pestre, "Vers un modèle de relations scientifiques radicalement nouveau, le cas des physiciens allemands et français après 1945" in *Frankreich und Deutschland Forschung, Technologie und industrielle Entwicklung im 19 und 20 Jahrundert*, 1990, Y. Cohen und K. Manfrass (ed.), Ch. Beck, München.

Avant 1940 au contraire, la règle est, pour le scientifique de renom, de devenir une figure du monde culturel réfléchissant sur sa propre pratique. La Science est un enjeu épistémologique majeur, elle est l'un des moyens supérieurs de

[1] P. Forman, "Social niche and self-image of the american physicist" in *The restructuring of physical science in Europe and the United States, 1945-1960*, 1989, Word Scientific, Singapore, p. 116-138.

D. Pestre, "Vers un modèle de relations scientifiques radicalement nouveau, le cas des physiciens allemands et français après 1945" in *Frankreich und Deutschland Forschung, Technologie und industrielle Entwicklung im 19 und 20 Jahrundert*, 1990, Y. Cohen und K. Manfrass (ed.), Ch. Beck, München.

connaissance, voire la forme par excellence de savoir. Laisser quelques écrits philosophiques ou de réflexion morale constitue donc un devoir - qu'on se souvienne des écrits de Mach, Planck, Poincaré, Bridgman, Langevin, Perrin, et bien sûr des exemples maintenant classiques que représentent Einstein et Bohr -, le scientifique demeure un savant-philosophe dépositaire d'une culture "auquel [...] le devoir incomb[e], ou le besoin psychique impos[e] de mettre en place une vision cohérente du monde"[1]. Dans les décennies 1940 et 1950, ce type d'homme tend à disparaître, remplacé qu'il est par des praticiens dont l'heuristique est plutôt celle de l'improvisation ou du risque. Certes, le mouvement est à nouveau décalé dans le cas de la France - il n'en est pas moins réel comme le montre la perte rapide d'impact des *Cahiers Rationalistes*[2] dans les années 1950. Le meilleur indice que nous ayons de ce retournement culturel est la nature des "testaments" que lèguent les nouveaux "savants" aux générations futures. De plus en plus souvent, il s'agit de biographies héroïques et hédonistes, de textes rapportant leurs exploits - et bien rarement d'ouvrages de réflexion. Pour se faire une idée du nouveau cours pris par cette littérature, le lecteur pourra parcourir l'étonnante autobiographie laissée par Richard Feynman[3], l'un des théoriciens les plus brillants de l'après-guerre - ou parcourir le catalogue de la maison d'édition Odile Jacob.

5. L'Europe scientifique perd donc totalement, après 1945, une suprématie qui avait été sienne depuis la "révolution scientifique" des XVII ème et XVIII ème siècles. La puissance américaine s'était certes déjà affirmée dans les années 1930, mais le centre de gravité était resté de ce côté-ci de l'Atlantique - et les normes définissant ce qui était légitime dans la pratique des sciences étaient encore souvent celles des Européens. Après 1945, par contre, la situation est inversée dans presque tous les domaines - le Royaume-Uni restant seul, pour un temps encore, une force autonome. L'affaire est d'ailleurs entendue sur le continent puisque la règle est, dès la fin des hostilités, de reconstruire l'Europe scientifique en important techniques, matériels, sujets et savoir-faire des universités américaines et britanniques, et en y exportant,

---

1 G. Holton, "Les hommes de science ont-ils besoin d'une philosophie ?", in *Le débat*, 35, 1985. p., 116-138.

2 *Les Cahiers Rationalistes* : revue militante fondée en 1930 par les grands intellectuels scientifiques de la gauche française.

3 R. Feynman, *Vous voulez rire, Monsieur Feynman* , 1985, Inter édition, Paris.

pour des apprentissages de longue durée, les jeunes de talent. C'est que ces pratiques nouvelles qui se mettent en place aux Etats-Unis contraignent le champ international, que ce sont elles qui définissent les nouvelles règles du jeu et fixent les normes intellectuelles et sociales auxquelles chacun doit se plier pour être reconnu (qui peut publier dans les meilleurs revues ? qui reçoit le Prix Nobel ? etc.). Une raison majeure de cet état de fait est bien sûr *la redoutable efficacité de ces pratiques* à l'interface des sciences, des techniques de l'ingénieur et de l'industrie dans un monde économiquement de plus en plus inter-dépendant.

Le changement de monde culturel qui affecte les scientifiques européens a donc ses origines dans le contexte politique international généré par l'avènement de l'armement nucléaire et par la guerre froide. Il est certain que des différences étaient sensibles avant-guerre entre les Etats-Unis et l'Europe. Une approche plus pragmatique des choses dans les milieux universitaires eux-mêmes, et des liens organiques avec une recherche industrielle en pleine explosion, prévalaient déjà sur le continent américain - l'image sociale et symbolique du "savant" restant une marque plutôt européenne. En ce sens, le régime de fonctionnement de la science qui devient de règle après 1945 est "l'héritier" de la science d'outre-Atlantique. Il convient toutefois de bien voir qu'il ne l'est qu'indirectement - puisqu'il existe des formes de recherche fondamentale en milieu industriel dans l'Europe de l'avant-guerre, et que nombre d'universitaires américains partagent les "normes" européennes - et qu'il ne prend la forme pleine et entière que nous lui connaissons maintenant qu'à l'occasion du changement radical de la situation politique internationale de 1945. Celle-ci inclut un rôle central de l'Etat et une connexion organique avec les militaires - toutes choses absentes avant 1940 - ainsi qu'une multiplication et une diversité des liens qui s'établissent entre scientifiques, ingénieurs et entrepreneurs.

6. Doit-on, pour conclure, regretter ce qu'on pourrait appeler une perte d'âme ? Doit-on considérer cette évolution comme néfaste, comme une déviation des normes de "*La Science*" ? Je n'en suis pas très sûr - ne serait-ce que parce que cela reviendrait à beaucoup idéaliser les réalités d'avant-guerre (réalités que j'ai moi-même outrageusement simplifiées), à les parer de bien trop d'avantages, à en faire des fétiches. J'adopterai donc une position plus prudente et commenterai en deux temps.

Je souhaiterais d'abord qu'on puisse considérer que "*La Science*" n'est pas une catégorie auto-évidente qu'on pourrait impunément utiliser à travers le temps et l'espace, qu'il n'existe pas de normes a-historiques qui permettraient de dire ce qu'elle est ou *devrait* être - que les sciences sont en fait ce que les scientifiques en font dans des contextes qu'ils ne maîtrisent que partiellement. Je souhaiterais ensuite qu'on considère que la *pratique* des sciences ne prédispose à aucune position "juste" ou supérieure en termes moraux ou politiques - et que, quelles que soient les périodes, les scientifiques ne se sont pas plus abstraits des cadres sociaux et culturels de leur temps que les autres acteurs historiques. Ces premières propositions reviennent à suggérer que l'activité de réflexion (philosophique, épistémologique, culturelle) que les savants ont longtemps jugé nécessaire de mener en parallèle à leurs activités proprement "scientifiques", n'a signalé qu'un moment du développement des sciences, qu'un moment historiquement situé. Cette réflexion des "savants" a d'ailleurs été de nature très diverse au fil des siècles (le commentaire conservateur et religieux d'un Maxwell s'oppose trait pour trait à celui d'un Langevin cinquante ans plus tard) et rien ne me semble indiquer que son effacement soit nécessairement préjudiciable au déploiement de l'éthique ou de la morale publique, qu'il soit préjudiciable à la réflexion politique - ou aux savoirs scientifiques eux-mêmes. Ce que Pierre Curie et ses amis, par exemple, pensent devoir faire et jugent légitime en tant que physiciens, la manière dont ils conçoivent et pratiquent quotidiennement leur art - ainsi que leur positionnement comme "philosophes", "intellectuels" ou "savants" dans la société française du tournant du siècle -, ne me semble devoir jouir d'aucun statut privilégié et méritent d'être observés - et jugés politiquement - du même œil critique que les pratiques scientifiques et sociales des physiciens américains des dernières décennies.

Cette position de principe n'est évidemment pas synonyme d'irresponsabilité pour l'historien. Si ce dernier pense que le système scientifique-technique-industriel-militaire qui règle une grande partie du monde d'après-guerre est condamnable (ou que l'attitude politique du groupe Langevin-Perrin fut irresponsable, si telle est sa position), je pense qu'il doit être le plus explicite possible et dire ce qu'est le système de normes qui le guide dans ses jugements - et mener sa démonstration. Dans la mesure où il n'est pas d'histoire qui n'engage de position et ne présuppose un système de valeurs - au pire l'historien du contemporain ne fait qu'avaliser et renforcer l'état de choses existant en prétendant le "décrire" -, et que les positionnements critiques ont souvent une grande valeur heuristique, il est stimulant de développer des thèses fortes. Un exemple va me permettre d'illustrer ce point et de terminer.

Dans un livre qui a maintenant dix ans, David F. Noble[1] raconte l'histoire de l'automation de la machine-outil dans les Etats-Unis d'après-guerre. Prenant d'emblée position dans le clivage qui lui semble alors socialement essentiel - celui qui oppose la classe ouvrière américaine aux patrons et aux P.D.G. - il montre combien cette volonté d'automation à outrance fut une entreprise socialement déterminée, combien elle ne fut pas simplement la manifestation, ici et maintenant, du *progrès-des-sciences-et-des-techniques*, combien elle n'eut rien de "nécessaire". S'appuyant sur une large collection de sources nouvelles, il la décrit au contraire comme la résultante de choix délibérés et d'actions volontaires ayant conduit à façonner la société américaine et ses valeurs (y compris ses valeurs scientifiques et techniques), comme une suite d'actions ayant l'apparence de l'anticipation rationnelle mais qui résultent d'un itinéraire social complexe - et qui s'avèrent terriblement coûteuses et catastrophiques sur le long terme : selon David F. Noble, l'absolue confiance des scientifiques (et des militaires) dans leur capacité à traduire industriellement leur choix en faveur du tout numérique, leur refus de la machine analogique et du compromis (qu'il soit scientifique ou social) est le facteur principal du déclin radical de la machine-outil américaine des dernières décennies.

Les principales forces à l'œuvre dans le processus qui conduit à tout miser sur le développement de la machine à commande numérique sont les physiciens et ingénieurs du M.I.T. (et l'idéologie du progrès et de la modernité qu'ils sécrètent dans leur pratique même), les stratèges de l'U.S. Air Force agissant comme collectif national pour la défense et la sécurité du pays (ainsi que pour la "rationalisation" de l'industrie aéronautique), les managers des entreprises, enfin, pour qui le point central est de garder le pouvoir dans les ateliers et qui rencontrent, dans la forme d'automation radicale proposée par les ingénieurs du M.I.T., une solution peut-être mal adaptée à l'univers industriel mais qui a un avantage insigne sur toutes les autres - à savoir *éliminer* les ouvriers qualifiés de toute position de pouvoir, à savoir pouvoir les remplacer radicalement par des machines.

Ce qui aurait pu être une histoire anecdotique (ou ennuyeuse, ou héroïque) de l'automation devient ainsi, par une

[1] David F. Noble, *Forces of Production, A social History of Industrial Automation*, 1984, A.A. Knopf, New-York.

prise de position polémique (intelligente et documentée, il est vrai), une histoire intellectuellement décapante, une histoire aux enjeux politiques et sociaux actuels. Cette histoire, dont la force de conviction est grande, questionne radicalement la place occupée par les scientifiques dans le monde contemporain, elle "dénaturalise" leurs attitudes et manières de faire, elle montre qu'ils participent à de grands systèmes de pouvoir et qu'ils modèlent en retour nos perceptions de la nature (ce que nous savions) mais aussi de l'ordre social et de ses valeurs (ce que nous avons tendance à oublier). Un regard informé et critique est alors communiqué au lecteur - un regard qui est éminemment utile au citoyen souhaitant agir dans la cité.

LA BIOLOGIE, ENTRE MOLÉCULES ET GÉNOMES

*Michel Morange**

***Abstract** : Biology was deeply renewed, first by the "molecular revolution" which occurred after the second world war, and later, by its invasion by the techniques of genetic engineering, and the different genome projects. This article analyzes the relative contributions of different disciplines and countries in these changes. It shows that knowledge and scientific creativity have been supported by long-standing traditions and have still their place, today in biology, between "molecules and genomes".*

La biologie est aujourd'hui la plus "signifiante"[1] des sciences. La description des mécanismes fondamentaux de fonctionnement et de reproduction des êtres vivants a estompé la frontière entre le monde inanimé et le monde animé. Elle a entraîné la formation de technologies permettant de modifier le vivant. Ces outils moléculaires commencent à être utilisés, aussi bien en médecine qu'en biotechnologie. Ils permettront, si l'humanité le souhaite, l'auto-modification de l'espèce humaine, c'est-à-dire la prise en charge, par celle-ci, de sa propre évolution. Demain, tout laisse présager que, avec les progrès des connaissances en neurobiologie, c'est la frontière entre le monde matériel et le monde de la pensée qui commencera à se lézarder.

---

* Chercheur en biologie à l'Ecole normale supérieure de Paris, est professeur de biochimie à l'Université Paris VI. Il enseigne l'histoire des sciences à l'Université Paris VII et à l'Ecole normale supérieure. Il a notamment publié sous sa direction *L'Institut Pasteur, contributions à son histoire*, 1991, La Découverte, Paris. Il est l'auteur en 1994 d'une *Histoire de la biologie moléculaire*, La Découverte, Paris.

[1] Selon l'expression, toujours actuelle, de J. Monod in *Le Hasard et la Nécessité*, 1970, Le Seuil, Paris.

Cette position centrale qu'a prise la biologie contemporaine, tant au niveau des connaissances que des enjeux posés par l'utilisation de ces connaissances, est bien reflétée par la place qu'elle occupe dans les médias et les revues de vulgarisation. Au niveau des institutions, la biologie a connu et connaît encore une expansion plus forte que les autres disciplines scientifiques. Les financements qui lui sont attribués sont aussi en augmentation par rapport à ceux attribués aux autres branches de la science. De manière encore plus significative, les projets développés dans les autres disciplines sont souvent valorisés, non par ce qu'ils apportent à ces disciplines, mais par l'impact qu'ils pourraient avoir sur le développement de la connaissance du vivant. Enfin, avec l'essor récent de la biologie, sont ébranlés les fondements de nombreux travaux de philosophie des sciences. La physique, première science à s'être formée, servait de paradigme pour les épistémologues. Les développements de la biologie remettent en cause cette valeur paradigmatique: la biologie s'est développée en suivant un chemin différent de celui parcouru par la physique, sans s'allier aux mathématiques, sans recourir à un quelconque formalisme. S'agit-il d'une situation provisoire ? Une étape dans un développement qui rejoindra celui de la physique ? Ou bien les évènements récents obligeront-ils à reconsidérer complètement l'idée que l'on pouvait se faire du développement de la connaissance scientifique et donc de sa nature même ?

Les racines de la "révolution moléculaire"

Peu d'épisodes d'histoire des sciences ont été autant analysés que la "révolution moléculaire" dans les sciences du vivant[1]. Son écriture a donné lieu à de multiples polémiques.

Le coeur des débats porte sur la nature même des changements intervenus dans la connaissance des êtres vivants. S'agit-il d'une révolution dont on pourrait attribuer le mérite aux nombreux physiciens qui, dans les années trente-cinquante se sont tournés vers la biologie. Ou bien d'une évolution des connaissances interne à la biologie ?

La biologie moléculaire est la coalescence de trois processus historiques d'amplitudes différentes. D'une part, elle résulte d'une lente progression dans la connaissance des com-

---

[1] Deux ouvrages en ont suivi, pas à pas, les développements : Olby, R., *The Path to the Double Helix* , 1974, Mac Millan, Londres.

Judson, H.F., *The Eighth Day of Creation* , 1979, Simon and Schuster, New York.

posants fondamentaux du vivant: connaissance morphologique avec la description de plus en plus fine de la hiérarchie des structures sises à l'intérieur du vivant[1]; description chimique des constituants du vivant, avec un mouvement historique inverse, allant des molécules les plus simples, celles qu'étudie la chimie organique, aux macromolécules constitutives des êtres vivants. Mais la biologie moléculaire est aussi la rencontre de deux disciplines qui s'étaient développées pendant la première moitié du XX ème siècle: la génétique, ou science de l'hérédité, et la biochimie. La première avait montré l'importance des gènes dans la reproduction des êtres vivants et leur fonctionnement, la deuxième celle des protéines, agents des réactions chimiques complexes qui prennent place dans le vivant, et constituants élémentaires de l'architecture cellulaire. La biologie moléculaire "n'est que" la description de l'ensemble des relations complexes qui unissent les gènes et les protéines. Enfin, entre les années trente et cinquante, de nombreux physiciens participent à l'essor de la jeune discipline et à sa "mise en forme". La biologie apparaissait, dans ces années, comme une science "en voie de développement", appelée à bénéficier des apports des sciences déjà avancées qu'étaient la physique et la chimie. Plus qu'au niveau des concepts, où leur apport apparaît rétrospectivement limité, c'est à celui des techniques que les physiciens marquèrent le plus la jeune discipline. Ils apportèrent aux biologistes les outils leur permettant d'étudier le niveau macromoléculaire, cette dimension jusqu'alors négligée et pourtant tellement caractéristique, des êtres vivants. La biologie moléculaire put aussi s'appuyer sur le développement, pendant la première moitié du XX ème siècle, de nombreuses autres disciplines biologiques, telles la bactériologie ou la virologie. En particulier la génétique bactérienne, et l'étude des virus de bactéries, les bactériophages, joua un rôle majeur dans la mise au point des concepts et des outils de la nouvelle discipline. La théorie synthétique de l'évolution donna, dans les années quarante, une vision unifiée de l'évolution des êtres vivants et conforta la recherche, par les biologistes moléculaires, des mécanismes fondamentaux de fonctionnement du vivant et de transmission héréditaire de ses caractéristiques.

[1] Admirablement décrite par Jacob, F., *La logique du vivant*, 1970, Gallimard, Paris.

Si la biologie moléculaire est une création multidisciplinaire, elle est aussi une oeuvre trans-nationale[1], ce qui apparaissait cependant assez peu dans les première histoires qui en furent écrites. La complexité des contributions nationales reflète celle des lignes de recherche qui furent à l'origine de cette discipline. Les études sur le bactériophage se développèrent d'abord en Europe dans les années trente. A la suite du départ de Max Delbrück et de Salvador Luria pour les Etats-Unis[2], c'est dans ce dernier pays que ces travaux connurent les plus grands développements. L'école britannique de cristallographie et d'étude des molécules par diffraction des rayons X était, depuis le début du siècle, la plus forte du monde : c'est à elle que l'on doit la détermination de la structure en double hélice de l'A.D.N. et de celle des premières molécules de protéines. Enfin, par l'attention qu'elle portait aux phénomènes adaptatifs dans le vivant, et à la transmission héréditaire de ceux-ci, l'école française apporta une contribution majeure à la description des mécanismes moléculaires de régulation opérant au sein du monde vivant[3]. Les quelques exemples décrits précédemment avaient pour seul but de montrer que la naissance et le développement de la biologie moléculaire furent une oeuvre trans-nationale. Bien évidemment, les Etats-Unis jouèrent un rôle majeur dans cette histoire. D'une part ils bénéficièrent de l'arrivée des scientifiques européens contraints d'émigrer à la suite de l'installation de régimes fascistes et antisémites en Europe. Cette migration contribua à l'échange inter-disciplinaire à l'origine de la nouvelle vision moléculaire du vivant[4]. La

---

[1] La biologie moléculaire, s'étant constituée au sein d'un espace trans-national, a été, par là-même, "modelée" par les évènements internationaux Abir-Am, P., "From Multidisciplinary Collaboration to Trans-national Objectivity; International Space as Constitutive of Molecular Biology, 1930-1970", dans Crawford, E. *et al.* (eds), *Denationalizing Science*, 1993, Kluwer, Pays-Bas.

[2] Fondateurs de l'école dite du phage.

[3] Sur les caractéristiques de l'école française de biologie moléculaire, voir Gaudillière, J.-P., "Molecular Biology in the French Tradition? Redefining Local Traditions and Disciplinary Patterns", *J. Hist. Biol.* 1993, 26, p. 473-498.

Sur les racines françaises de la biologie moléculaire, voir : Burian, R., Gayon, J. et Zallen, D., "The Singular Fate of Genetics in the History of French Biology", 1900-1940, *J. Hist. Biol.* 1988, 21, p. 357-402.

Debru, C., Gayon, J. et Picard, J.-F. (eds), *Les sciences biologiques et médicales en France 1920-1950*, 1994, CNRS ed., Paris.

[4] Ce mélange interculturel profita à de nombreuses disciplines. Voir notamment : Fleming, D. et Bailyn, B. (eds), *The Intellectual*

nouvelle science du vivant bénéficia aussi de l'essor général de la science américaine après la deuxième guerre mondiale. Prenant le relais des crédits apportés précédemment par des fondations privées comme la fondation Rockefeller, des sommes importantes furent attribuées par les organismes d'Etat au développement de la nouvelle biologie. Ces deux raisons de l'essor rapide de la biologie moléculaire aux Etats-Unis expliquent bien évidemment le retard pris par d'autres pays : coupé du reste du monde pendant toute la période de la guerre, le Japon ne consacra, après celle-ci, que des sommes relativement modestes à la recherche, compte-tenu des énormes besoins de reconstruction du pays. Cela explique, sans doute plus que le trop souvent mentionné "esprit d'imitation" des japonais, que la biologie moléculaire ait connu dans ce pays un développement tardif, parallèle, mais décalé dans le temps, à celui qu'avait connu cette discipline aux Etats-Unis. Enfin d'autres pays, comme l'U.R.S.S. ou les pays d'Europe centrale, ne participèrent pas à l'essor de la biologie moléculaire pour des raisons idéologiques. La biologie moléculaire est, comme nous l'avons vu, héritière de la génétique. La remise en cause par Lyssenko du rôle majeur des gènes dans l'hérédité et le fonctionnement des êtres vivants, freina l'essor de la biologie moléculaire. Ce n'est qu'au sein des Instituts de physique, par la mise au point de méthodes physico-chimiques d'étude des macromolécules biologiques, que les scientifiques russes purent garder quelques liens avec les développements de la nouvelle biologie.

La "domination" des Etats-Unis en biologie moléculaire est donc principalement le reflet du poids considérable de ce pays dans la recherche scientifique en général. Outre l'importance des moyens attribués, quelques caractéristiques d'organisation expliquent cette position. La souplesse du système universitaire américain favorise le développement des nouvelles disciplines. Les nombreuses possibilités de financement offertes à de jeunes chercheurs après leur thèse ont facilité l'afflux des jeunes scientifiques vers les Etats-Unis. Soit ceux-ci, après deux ou trois années passées dans ce pays, se voyaient proposer des postes stables et restaient aux Etats-Unis, y renforçant le potentiel scientifique. Soit ils repartaient dans leur pays d'origine, en remportant avec eux tout

---

Migration: Europe and America, 1930-1960, 1969, Harvard/Belknap Press, Cambridge Mass.

Hoch, P.K., "Migration and the Generation of New Scientific Ideas", *Minerva*, 1987, XXV, p. 209-237.

ou partie des thématiques qu'ils avaient commencé à développer aux Etats-Unis[1]. Les liens qu'ils avaient établis et continuaient à entretenir étaient bénéfiques pour le développement de leur propres recherches et l'essor de la biologie moléculaire dans leur pays d'origine. Mais surtout, ces liens faisaient de ces jeunes biologistes moléculaires des sortes de relais d'un vaste réseau d'échange d'informations dont les noeuds étaient situés aux Etats-Unis. La situation que nous venons de décrire n'a rien de spécifique de la biologie moléculaire. La croissance rapide de cette discipline a simplement amplifié quelques unes des caractéristiques du développement des sciences après la deuxième guerre mondiale.

Un livre, récemment publié aux Etats-Unis, a fait scandale dans le milieu des biologistes[2]. Soulignant le rôle majeur qu'avaient joué l'Institut californien de technologie (Caltech) et la fondation Rockefeller dans l'histoire de la biologie moléculaire, l'auteur expliquait l'action de ces deux institutions par la volonté de leurs dirigeants, en accord avec les scientifiques eux-mêmes, de développer les outils de connaissance et d'action sur le vivant permettant le contrôle biologique de l'humanité. Les théories eugénistes et la biologie moléculaire auraient donc participé à un même projet de contrôle social : la biologie moléculaire ne serait qu'une version douce de l'eugénisme, un eugénisme "patient", capable d'attendre des résultats fondamentaux pour mieux bâtir ses projets. Cette interprétation de l'essor de la biologie moléculaire, aussi séduisante soit-elle, même justifiée comme elle peut l'être par les écrits de certains de ses acteurs, repose cependant sur une double erreur de jugement. D'une part l'idée que ce qu'écrivent les scientifiques dans leurs demandes de crédits correspond à ce qu'ils pensent et non pas seulement à ce qu'ils jugent nécessaire pour obtenir les financements dont ils ont besoin. D'autre part, il est difficile de comprendre l'essor de la biologie moléculaire, et l'attrait que cette discipline a pu exercer sur de nombreux jeunes chercheurs, si l'on oublie, ou feint de considérer comme secondaire, que

[1] La réalisation d'un stage post-doctoral aux Etats-Unis était devenue une sorte de passage initiatique, transformant par sa seule vertu, et non par le travail réalisé ou les résultats obtenus, un jeune chercheur encore incompétent en un biologiste moléculaire reconnu. La situation actuelle est différente : l'existence, aujourd'hui, de nombreux centres de recherche de haut niveau en Europe, en particulier celui contrôlé directement par l'Organisation Européenne de Biologie Moléculaire (EMBO) à Heidelberg, a rendu moins indispensable le voyage aux Etats-Unis.

[2] Kay, L.E., *The Molecular Vision of Life*, 1993, Oxford University Press, Oxford.

l'une des motivations essentielles des chercheurs est.... la connaissance, l'espoir de bâtir de nouveaux modèles explicatifs, plus en accord que les précédents avec les faits expérimentaux, le rêve de dévoiler un pan jusqu'alors caché de la réalité. Motivation sans doute naïve, mais beaucoup plus profonde et, finalement, efficace pour le progrès de la connaissance que l'analyse utilitariste actuelle de la science ne le laisse paraître.

Génie Génétique et Projets Génomes. La biologie contemporaine en marche vers la "Big Science"?

Dans les années soixante, les biologistes moléculaires avaient accompli leurs principales découvertes. Ils avaient repoussé, parfois brutalement, les autres branches de la biologie sur les pourtours de la connaissance. La jeune discipline va pourtant effectuer une longue traversée du désert (près de dix années) pendant lesquelles subsistera un décalage profond entre la connaissance théorique acquise sur le fonctionnement des êtres vivants et l'absence presque totale d'outils permettant d'étudier le vivant au niveau moléculaire. Ce n'est qu'à partir de 1972 que se développera le "réseau technologique" qui permettra l'isolement et la caractérisation des gènes, en particulier d'organismes supérieurs, ce qu'on a appelé le génie génétique.

Les techniques du génie génétique se mirent en place très rapidement aux Etats-Unis, plus lentement en Europe. Ce retard trouve son origine dans l'absence de préparation "psychologique" des biologistes européens. Alors que, dès la fin des années soixante, plusieurs biologistes moléculaires américains considéraient comme allant de soi l'acquisition dans les prochaines années des outils permettant la manipulation des gènes, et commençaient à discuter les applications thérapeutiques possibles et les problèmes éthiques qu'elles soulèveraient, beaucoup de biologistes moléculaires européens considéraient la possibilité d'une manipulation des gènes comme lointaine, sinon à tout jamais hors de portée, et notamment Jacques Monod. Ce décalage correspond peut-être à deux visions différentes de la science: l'une européenne, plus théorique, plus axée sur la connaissance, l'autre américaine, plus pragmatique, plus prompte à envisager les applications pratiques. Des raisons historiques expliquent aussi ce décalage: la génétique mendélienne s'est développée aux Etats-Unis entre les années 1910 et 1930, grâce aux travaux du groupe dirigé par Thomas Hunt Morgan. Un élève de Morgan, Hermann Müller, avait montré en 1927 comment on pouvait obtenir des mutations grâce à l'utilisation de rayons X. Depuis ces années là, le rêve des généticiens américains avait toujours été de disposer d'outils permettant d'induire des mutations spécifiques dans les gènes des organismes vivants. Les techniques du génie génétique donnaient corps à ce rêve. En Europe, en particulier en Allemagne et en France, les développements de la génétique avaient été moindres. La biologie moléculaire s'était donc formée à partir d'une tradition différente, moins attentive à la manipulation génétique du vivant.

Les techniques du génie génétique, à peu près établies à la fin des années soixante-dix, diffusèrent rapidement dans les laboratoires. Elles conduisirent immédiatement à une série de découvertes inattendues, qui bouleversèrent les connaissances antérieures, et surtout ouvrirent de nouvelles perspectives de recherche. Dès 1980, étaient isolés et caractérisés un certain nombre de gènes dont l'altération de structure ou de fonction était responsable de la formation des cancers. En 1985, était mis en évidence un ensemble de gènes qui jouent un rôle fondamental dans la "construction" de la mouche *Drosophile*. Rapidement, il s'avérait que ces gènes avaient été conservés au cours de l'évolution, ce qui suggérait que la construction des organismes vivants pendant l'embryogenèse obéissait à des principes communs du haut en bas de l'échelle du vivant.

Ces découvertes rapidement obtenues, inattendues, jouèrent un rôle important pour convaincre la communauté des biologistes qu'une simple "lecture" du vivant avait, en elle-même, une valeur heuristique, était génératrice de découvertes. C'est cette conviction qui joua le rôle essentiel dans le lancement du projet de séquençage du génome humain en 1985-1986. A cette motivation scientifique vinrent s'adjoindre des raisons plus pratiques : la volonté de réunir, sur un même projet, toutes les énergies pour reproduire, dans le domaine de la biologie, les succès qu'avaient été le projet Manhattan, ou, vingt ans plus tard, le projet Apollo. Le besoin, de la part de certaines administrations américaines, de réorienter des moyens techniques jusqu'alors dirigés vers l'énergie nucléaire, dans des domaines scientifiques d'avenir. Et, sans doute aussi, le désir de certains hommes politiques américains de prendre plusieurs longueurs d'avance dans les développements futurs des industries de la santé en rassemblant une quantité énorme d'informations sur les êtres vivants, et en particulier sur l'homme.

Avec le développement du génie génétique, puis des projets de séquençage du génome humain, la nouvelle biologie semblait avoir pris un double virage : géographique, car la majorité des projets et des investissements était concentrée aux Etats-Unis; cognitif, car le développement des connaissances sur le vivant acquérait une autre dimension, adoptait une autre méthode, globale, échappant en partie au travail individuel des biologistes.

Qu'en est-il aujourd'hui, vingt ans après les débuts du génie génétique, dix ans aprés ceux du projet "génome humain", tant au niveau de la forme des connaissances que de l'organisation du travail ? La biologie est-elle devenue, à l'image de la physique des particules, une "big science", réunissant d'énormes équipes de recherche autour de quelques appareillages ?

La réponse est loin d'être simple. Il est certain que la caractérisation et le séquençage des gènes, la simple lecture du vivant s'est bien révélée être, en elle-même, source de découvertes. Elle fait en effet apparaître des homologies, des ressemblances, qui permettent de deviner des fonctions. La lecture du vivant, et les modifications rapidement tentées du texte ainsi dévoilé, ont révélé en particulier deux phénomènes fondamentaux : d'une part l'extraordinaire conservation des gènes, ou du moins de certains d'entre eux, au cours de l'évolution - nous avons déjà vu l'exemple des gènes du développement - qui rend la comparaison des différents textes génétiques du vivant particulièrement instructives; en même temps, la remarquable complexité d'organisation du vivant, l'existence de phénomènes de redondance et de complémentation intergéniques, qui font du fonctionnnement et du développement des organismes vivants un processus hautement régulé, particulièrement stable et.... difficile à étudier.

L'image du vivant est donc sortie modifiée de l'application des nouvelles technologies et des premiers résultats obtenus par la réalisation des grands projets de séquençage. Le travail des biologistes moléculaires en a-t-il été pour autant modifié ? Selon certains détracteurs de ces grands projets, ce travail aurait perdu toute valeur créative. Les chercheurs occuperaient la majorité de leur temps à appliquer des recettes bien établies, à utiliser même des "kits" tout préparés pour atteindre leurs objectifs. Le travail créatif se situerait ailleurs, au moment où, penché sur son écran d'ordinateur, le biologiste comparerait sa séquence à celles déjà connues, et tenterait d'en déduire une fonction, et d'imaginer des expériences permettant de démontrer cette fonction. Même cette tâche de comparaison échapperait de plus en plus aux biologistes pour devenir le simple résultat de l'utilisation de programmes informatiques toujours plus performants.

Cette présentation est en partie vraie. La biologie est à l'heure actuelle dans une phase de développement qui n'est pas (ou peu) limitée par la mise au point de nouvelles technologies : celles-ci sont bien au point, "rodées", n'exigeant de ceux qui les utilisent qu'un investissement personnel minimum.

Cependant la biologie moderne n'est (pas encore ?) devenue la "big science" que certains avaient redoutée. Une tendance à l'augmentation de la taille des équipes de recherche, liée à l'apparition des nouvelles technologies, s'était faite sentir dans les années soixante-dix - quatre-vingt. Avec la banalisation et la simplification des techniques du génie génétique, la taille des équipes associées à un même projet de recherche a, en partie, décrue. Les projets de séquençage des génomes n'ont pas conduit non plus jusqu'ici, dans le cas général, à un regroupement des équipes de recherche. Prenons l'exemple, il est vrai un peu atypique, du projet européen de séquençage du génome de la levure[1]. Il a visé à répartir le travail lourd et fastidieux de séquençage entre un grand nombre de laboratoires, chacun assurant une part limitée (et supportable) du projet. Le résultat, presque achevé aujourd'hui, est un succès indéniable. Sans avoir besoin de mettre au point de nouvelles technologies, sans réorienter ou altérer le travail de recherche des différentes équipes, le projet a permis aux laboratoires européens de devancer les équipes américaines et va apporter, dans les mois qui viennent, la connaissance génomique totale du premier être vivant.

Si la biologie n'a pas été, jusqu'à maintenant, profondément transformée dans ses habitudes de travail, il n'est cependant pas certain qu'il en sera toujours ainsi. Les connaissances nouvelles affluent tellement rapidement que leur stockage et leur utilisation posent déjà aujourd'hui des problèmes difficiles. Comme nous l'avons vu, d'ici quelques mois, nous connaîtrons entièrement le message génétique, et donc, potentiellement, la structure de toutes les protéines d'un organisme vivant. Le premier problème sera de pouvoir accéder rapidement à cette information: c'est un problème informatique relativement simple, exigeant cependant un bon savoir-faire. Que deviendra, dans l'avenir, la collaboration entre biologistes et informaticiens ? Continuera-t-elle, comme aujourd'hui, de manière un peu chaotique, sans

[1] Les différents projets de séquençage des génomes et leur impact, tant pour la connaissance que pour l'organisation du travail, sont particulièrement bien décrits dans l'ouvrage de Jordan, B., *Voyage autour du génome*, 1993, INSERM et John Libbey Eurotext, Paris.

réelle communication entre les deux disciplines ? Ou verra-t-on apparaître un nouveau type d'informaticien-biologiste, également compétent dans les deux disciplines, capable de donner à la biologie une nouvelle forme conceptuelle ? Sera-ce l'avènement d'une biologie plus formalisée ? Celle-ci rentrera-t-elle ainsi dans le moule des disciplines scientifiques qui l'ont précédée sur la voie de la scientificité ?

On se heurte à la même incertitude sur l'avenir de la biologie lorsque l'on considère l'autre versant de l'accumulation actuelle des connaissances moléculaires : est-il temps de renverser la démarche analytique, jusqu'alors dominante en biologie moléculaire, pour adopter une approche synthétique, pour tenter, en rassemblant les données existantes, de reconstituer, de recréer, l'activité complexe d'un organisme à partir de la structure de ses constituants ?

Toutes ces réflexions théoriques très vastes, sans doute nécessaires si l'on veut anticiper les bouleversements que connaîtra la biologie dans les prochaines années, rendent cependant assez mal compte du travail actuel des biologistes, dans les domaines où l'acquisition rapide de connaissances, rendue possible par l'utilisation des outils du génie génétique, est venue renouveler des problématiques anciennes. C'est là que l'on rencontre aujourd'hui une réelle créativité scientifique. Nous prendrons l'exemple de la biologie du développement, c'est à dire de cette branche de la biologie qui tente d'expliquer, au niveau moléculaire, les mécanismes qui guident et contrôlent le développement embryonnaire.

La biologie du développement: longues traditions et nouveaux outils

La génétique classique a pu se développer au début du XX ème siècle en dissociant les phénomènes de l'hérédité de ceux du développement embryonnaire. Les caractéristiques d'un organisme adulte résultent pourtant du processus de formation de cet organisme lors du développement embryonnaire. Néanmoins, les généticiens feignaient de raisonner comme si les caractéristiques de l'état adulte étaient transmises telles quelles. Le fondateur de la génétique, Thomas Hunt Morgan, lui-même embryologiste de formation, était convaincu que les gènes jouaient un rôle important dans le développement embryonnaire des organismes vivants. Mais il était aussi persuadé que l'étude de ce rôle était difficile, provisoirement hors de portée de l'effort des généticiens[1]. Cette séparation, même provisoire, entre génétique et biologie du développement, ne fut pas unanimement acceptée. En particulier les généticiens allemands, dont Richard Goldschmidt, tentèrent, avec, il faut le reconnaître, peu de succès, de combler le fossé entre les deux disciplines. Entre les années 1930 et 1950, seuls quelques généticiens, tel Ed. Lewis, caractérisèrent, avec beaucoup de patience et de persévérance, le mécanisme d'action des gènes impliqués dans le développement embryonnaire de la *Drosophile*. Pendant toute cette période, génétique, biologie moléculaire, et biologie du développement s'ignorèrent largement.

La première étape du rapprochement fut franchie en 1961 par l'équipe française de biologie moléculaire dirigée par F. Jacob et J. Monod. Aussitôt après avoir caractérisé les mécanismes de régulation génétique opérant chez les micro-organismes, ces chercheurs proposèrent que des mécanismes de régulation analogues existaient chez les organismes complexes et rendaient compte des processus de différenciation cellulaire et de développement embryonnaire. J. Monod et F. Jacob[2] allèrent même plus loin : en 1962 ils suggérèrent que l'évolution des êtres vivants reposait sur la modification de quelques gènes essentiels, ces mêmes gènes régulateurs impliqués dans le contrôle du développement des organismes complexes. F. Jacob et J. Monod réunissaient donc, grâce à un même modèle explicatif, la science de l'hérédité, celle de l'évolution et l'embryologie.

Il fallut cependant atteindre plus de vingt ans pour que le modèle proposé par F. Jacob et J. Monod reçoive ses premières confirmations expérimentales. Comme nous l'avons vu précédemment, ce délai s'explique par l'absence, avant le développement du génie génétique, des outils permettant l'étude des gènes impliqués dans le développement embryonnaire. Les premiers résultats obtenus apportèrent une confirmation éclatante aux anticipations de J. Monod et de F. Jacob, allant même au-delà de leurs espérances. Non seulement les premiers gènes isolés se révélaient être des gènes régulateurs, non seulement la logique des mécanismes régulateurs était restée presque identique au cours de l'évolution, mais la nature même des constituants des réseaux régula-

---

[1] Allen, G.A., *Thomas Hunt Morgan*, 1978, Princeton University Press, Princeton.

[2] Jacob, F. and Monod, J., "Sur le mode d'action des gènes et leur régulation", *Pontificiae Academiae Scientiarum Scripta Varia*, 1962, 22, p. 1-11.

teurs avait été conservée, malgré l'extraordinaire diversification des êtres vivants pendant trois milliards d'années.

Il ne se passe pas de jours où de nouveaux gènes du développement ne soient caractérisés et leur étonnante conservation structurale vérifiée. Mais, au-delà de la simple description des gènes du développement, qu'en est-il aujourd'hui de la compréhension des mécanismes dans lesquels ces gènes sont impliqués ? Là encore, les choses avancent très vite. Les expériences de "Knock Out" des gènes (de perte de fonction)[1] ont conduit à remettre en cause les premiers modèles, trop directement dérivés de l'étude de la mouche *Drosophile*. De nouveaux modèles sont proposés, non pas élaborés uniquement à partir des expériences les plus récentes, mais grâce surtout à une réinterprétation des résultats de l'embryologie classique et des données de la classification ou de la paléontologie[2]. On assiste donc, à l'intérieur de la biologie, à une réorganisation globale de plusieurs champs cognitifs, jusqu'alors séparés. Cette réorganisation révèle une créativité scientifique, que, n'en déplaise aux prophètes de malheur, ni l'irruption des techniques du génie génétique, ni celle des projets de séquençage des grands génomes, n'ont réussi à abolir. De manière plus intéressante, ce travail de réorganisation du champ cognitif s'opère souvent dans les pays et les Institutions où existaient de fortes traditions en embryologie et en zoologie, comme en Grande-Bretagne, en Allemagne ou en Suisse[3].

En guise de conclusion

L'exemple précédent servira de conclusion : il montre que le progrès de la connaissance scientifique ne peut être réduit à des avancées technologiques ou à de nouvelles formes d'organisation du travail. Il nécessite un soubassement cognitif, des traditions fortes pouvant subsister pendant des décennies, que les planificateurs et les politiques de la science ont eu parfois tendance à ignorer. Seules ces traditions et leur réin-

---

[1] La perte de fonction (ou Knock Out des gènes) est obtenue par un processus complexe de recombinaison homologue, c'est à dire par le remplacement d'une copie fonctionnelle des gènes par une copie non-fonctionnelle.

[2] Raff, R.A. et Kaufman, T.C., *Embryos, Genes and Evolution* , 1991, Indiana University Press, Bloomington.

[3] C'est ce que révèle une analyse rapide de l'origine de plusieurs groupes de recherche travaillant actuellement en biologie moléculaire du développement et publiant dans les revues scientifiques les plus prestigieuses, *Cell*, *Nature* ou *Science* .

terprétation peuvent donner aux sciences leur pouvoir cognitif.

LA DIVISION DU TRAVAIL SCIENTIFIQUE ET LA PHILOSOPHIE EUROPÉENNE

*Grahame Lock**

Abstract : May we say that the division of scientific labor is rational ? This question has led to the definition and use of two main criteria : the utilatarian one which is of english origin; and the so-called "rule of market" which is of american origin. Taking into account the origin of this distinction, a new meaning may be attributed to the epistemological question of "unification of science".

La question de la division du travail scientifique concerne à la fois l'activité scientifique elle-même et les institutions qui l'héberge (Universités, Centres de Recherche...). Notre époque est caractérisée par une division du travail particulièrement complexe et développée. Elle consiste en partie en un partage du travail; en partie en une hiérarchie rationnelle, donc bureaucratique. Cette "rationalité" du système est présumée : nous autres "fonctionnaires" de ce système, nous les chercheurs, n'en sommes pas toujours conscients, ou pas clairement. Je dis "rationalité présumée", parce qu'on présuppose que les procédures garantissent le résultat, lequel est dit "rationnel" justement parce qu'on a "rationalisé" ces procédures. Il y a bien sûr un autre critère de la rationalité : ce que les économistes appellent, en anglais, "l'efficiency", c'est-à-dire l'efficacité ou le rendement. Si on l'applique au niveau social, ce critère peut amener la doctrine utilitaire. C'est en faisant application de ce critère de "l'efficacité" que beaucoup croient ainsi pouvoir montrer, par exemple, que le système "occidental" du marché libre - le capitalisme - s'est avéré supérieur à celui des pays du bloc soviétique. Le prin-

* Professeur de philosophie politique à l'Université de Nimègue et au Queen's College d'Oxford.

cipe utilitaire est cependant d'origine historiquement spécifique, en l'occurrence anglaise. Nietzsche y insiste : ce n'est pas, dit il, un hasard. De nos jours, ce principe utilitaire est menacé par l'expansion d'une autre règle, plus américaine, celle du marché et de ses procédures. Que donne cette règle ? Le professeur américain Thomas Schelling s'oppose par exemple au rationnement de l'essence, même pendant les crises mondiales du combustible. En se servant de l'instrument du rationnement, la société américaine (européanisée !) tâche d'appliquer la doctrine utilitaire, en y ajoutant une dimension de justice distributive. Selon Schelling[1], la question éthique s'y trouve déplacée. S'il y a pauvreté dans la population, c'est cette situation qui est injuste, et non pas son effet sur la distribution de l'essence. Au niveau de la politique de l'Etat, il est moins efficace, sans être plus équitable, de vouloir contrôler directement cet effet. Mieux vaut s'assurer que la procédure du marché fonctionne bien, c'est-à-dire sans entraves étatiques, abstraction faite de toutes considérations utilitaires.

La "main invisible", dira un économe de l'école libérale, fera le reste : le critère utilitaire sera en général satisfait, mais sans qu'on le vise et, souvent, justement parce que l'on ne le vise pas. Robert Nozick, dans son *Anarchy, State, and Utopia*[2] a essayé de démontrer que le résultat de l'application des procédures du libre marché sera toujours équitable, et cela par définition : il n'existe pas d'autre critère cohérent de justice. L'individu est roi : il jouit de ses droits inviolables et inaliénables, ce qui fait que la justice n'est que l'absence de l'injustice, ou plutôt, elle n'est que l'effet global des actions elles-mêmes légitimes de tous les individus qui font partie de la société en question. On pourrait donc conclure, de façon provisoire, que n'importe quelle question de politique sociale dans les pays du monde "occidental" sera décidée selon l'un ou l'autre critère ou selon un mélange plus ou moins éclectique des deux en fonction de la dominance locale de l'idéologie plus "européenne" de l'utilitarisme ou bien de celle, plus américaine, du marché libre. Il ne s'agit, bien sûr, que de tendances, qui ne sont jamais pleinement réalisées et qui sont toujours en mutation. Aujourd'hui, par exemple, on dit que l'Europe de l'Ouest est en train de "s'américaniser" (et que les Etats-Unis sont en train de "se déseuropéaniser").

---

[1] Schelling, *Choice and Consequence*, 1984 Cambridge, Mass.: Harvard University Press. p. 4-5.

[2] Robert Nozick, *Anarchy, State, and Utopia* 1974, New-York, Basic Books.

Ceci serait donc vrai aussi pour la politique publique en matière de recherche scientifique. Aux Etats-Unis, non seulement à cause de la configuration idéologique mais également en raison de l'existence d'un grand nombre d'institutions de recherche privées, l'influence du critère utilitaire a souvent régressé. En Europe au contraire, et surtout dans les pays de tradition étatiste, l'idée va en s'amplifiant que la tâche la plus importante du chercheur serait de démontrer que ses travaux puissent donner lieu à des applications répondant à la demande utilitaire : c'est le contribuable qui le veut, qui l'exige. Or, remarquons d'abord que tout principe de politique sociale qui part d'un critère de procédure est statique (les procédures restent essentiellement toujours les mêmes, quoi qu'il en soit des résultats du processus). Le critère utilitaire, quant à lui, s'applique directement de façon dynamique : il oblige à comparer les systèmes et les moments du développement d'un seul système. Ce critère utilitaire est, dans ce sens, historique et, à cet égard aussi, typiquement "européen". Comment fonctionne "la science" dans les institutions ? Cela dépendra du contexte économique, politique et idéologique. Dans presque tous les cas, en Europe comme aux Etats-Unis, on est en train de mener à bonne fin un processus de "rationalisation". Il s'agit parfois d'une rationalisation des procédures; parfois de celle du fonctionnement du système dans sa totalité, en vue d'améliorer l'utilité sociale des résultats. Les chercheurs se plaignent, en conséquence, ou bien de ce que l'application de ce principe d'utilité limite l'exercice de leur liberté académique, ou bien de ce qu'elle est inefficace et même nuisible au niveau de la créativité individuelle, qui reste le moteur originaire de la "science normale". Et ces processus s'appliquent dans tous les sens : dans le sens institutionnel et dans le sens intellectuel. (Comment choisit-on les chercheurs qui doivent être embauchés ? Comment sélectionner les projets de recherche ? Quelles méthodes employer pour étudier les questions posées dans ses projets ? etc.). Nous savons tous que les étudiants qui travaillent dans les différentes branches scientifiques, même ceux qui sont en train de préparer une thèse de maîtrise ou de doctorat, ne comprennent pas toujours ce qu'ils font, au sens de comprendre la finalité théorique du projet dans lequel s'insère leur activité. Ils ne comprennent peut-être que le détail du travail quotidien; le sens du projet comme totalité leur échappe. Ils sont peut-être un peu comme les ouvriers et les employés "idéaux" (selon un point de vue orthodoxe), lesquels sont capables de faire leur travail, dans un petit domaine spécialisé, sans vraiment comprendre le rapport entre leur contribution d'un côté et le "grand dessein" de l'autre. Ils sont des "prisonniers" de la division du travail. Mais il existe quand même, à l'intérieur de la pratique scientifique, un autre critère plus global pour évaluer cette pratique : celui de "l'efficacité", le critère utilitaire. Il y a des théories scientifiques qui "marchent". Elles sont capables (s'avère-t-il) de bien prédire, par exemple, les événements; et dans l'application, elles rendent possible la construction de la bombe atomique, ou des transistors, ou le développement de nouveaux produits pharmaceutiques etc. Et tout le monde, même le contribuable, est capable de comprendre cela, car le résultat est visible au grand jour. Encore une fois, notons que ce critère-ci se sert de la méthode comparative; il est historique. Or, dans le domaine de la théorie des sciences, c'est par exemple Popper et Kuhn, ou en France, Bachelard, Canguilhem et d'autres qui ont réintroduit la dimension historique. Popper qui, d'ailleurs, avait cru au projet de l'unification des sciences parle, comme il est bien connu, de la falsification nécessaire des théories scientifiques, c'est-à-dire de la nécessité de les soumettre à une procédure de la falsification (tâcher de les démontrer fausses...). Le côté "procédural" de cette conception de Popper est a-historique (à son avis, c'est toujours la même procédure qui est appliquée dans la pratique scientifique : la science est ainsi du moins unifiée par sa méthode). Inutile, me semble-t-il, d'ajouter que la notion de "l'unification de la science" trouve son expression typique dans les travaux des positivistes logiques, par exemple dans ceux de Rudolf Carnap[1].

Mais il y a, forcément, un côté historique : il faut attendre, voir ce qui se passe, ne pas juger trop tôt, considérer une science quelconque comme un système en évolution, car une théorie donnée est toujours susceptible d'être remplacée par une autre, *ad infinitum*. C'est Lakatos et Kuhn qui ont confirmé ce retour partiel à l'histoire. Lakatos, avec sa conception de "programmes de recherche scientifique" a ainsi introduit la notion de concurrence entre théories scientifiques. Il s'agit d'une innovation radicale par rapport à Popper. Le critère dont Popper se sert est absolu, ou binaire :

---

[1] Carnap écrit par exemple : "The question of the unity of science is meant here as a problem of the logic of science, not of ontology. We do not ask : 'Is the world one ?' 'Are all events fundamentally of one kind ?' [...] When we ask whether there is a unity in science, we mean this as a question of logic, concerning the logical relationships between the terms and the laws of the various branches of science." Voir O. Hanfling, *Essential Readings in Logical Positivism*, 1981, Basil Blackwell, Oxford. p. 118.

ou bien une théorie n'est pas encore falsifiée, ou bien elle l'est déjà. Le principe de Lakatos repose sur des facteurs plus contingents. Une théorie donnée est dite satisfaisante - toujours provisoirement - parce ce qu'elle explique ou parce qu'elle prédit mieux que ses concurrentes. Mais le nombre de concurrentes potentielles est infini; ainsi le statut d'une théorie quelconque (est-ce que nous la considérons comme provisoirement adéquate on non ?) dépendra de la situation de concurrence. C'est comme les équipes de football : quand la France joue contre l'Angleterre, elle gagne peut-être; et, en gagnant, se considère comme ayant établi sa supériorité mondiale. Seulement, il y a de nouveaux concurrents qui arrivent, de façon imprévue : Israël, la Bulgarie etc... Les résultats dont parlent Popper et Lakatos sont des résultats théoriques plutôt que techniques. Mais dans les deux cas, on voit une synthèse de procédure et de résultats : ce n'est seulement dans le cas où l'on suit telle ou telle procédure (disent-ils) qu'on produira le résultat désiré. Mais le résultat est mesuré et déterminé comme étant adéquat par référence à la procédure. Popper veut que le savant fasse vraiment de son mieux pour falsifier une théorie donnée. Lakatos souhaite une concurrence sévère, pour qu'une théorie se révèle provisoirement gagnante. Kuhn fait autre chose. De façon très classique, il se sert d'un critère interne à la pratique, ou plutôt il parle d'un processus : de la "self-revelation" d'anomalies. "Self-revelation", parce que les savants eux-mêmes ne se sont pas donnés pour but la révélation de ces anomalies. C'est plutôt quelque chose qui leur arrive, parfois de façon surprenante. Nous savons que, selon Kuhn, la "normal science" se voit, dans une phase donnée de son développement, menacée par de telles anomalies constatées : non pas automatiquement, mais à un moment où (comme disait Marx du système capitaliste) la vieille structure se heurte à ses "limites". Or, qu'est ce que cela signifie ? La "normal science" fonctionne par voie de spécialisation. "Spécialisation" est un autre nom pour désigner une division du travail entre les disciplines. C'est justement le niveau élevé de la spécialisation caractéristique des sciences contemporaines qui, toujours selon Kuhn, rend possible sa concentration technique inouïe. Mais il mène inévitablement à l'explosion ou plutôt à l'implosion du paradigme en question. Ainsi la thèse de Kuhn est une thèse dialectique. C'est justement l'état avancé des sciences qui les rend vulnérables, et qui donne aux "révolutionnaires" (il se sert de ce terme même) la possibilité d'y organiser la résistance. S'ils y réussissent, l'ancien paradigme sera remplacé par une autre paradigme sinon tout neuf en tout cas nouveau. Et le processus redémarrera sans cesse. Mais l'important ici tient à ce que la révolution se produit en fonction, pour un part, d'une offensive contre la définition des frontières des disciplines en question, c'est-à-dire en fonction d'une révision abrupte de l'application des principes de la division du travail scientifique. Or cette division du travail scientifique est quelque chose qui n'existe pas seulement dans la tête des scientifiques concernés. Elle est institutionnelle, ancrée dans la pratique des institutions (des universités, des centres de recherche, des revues, des tuyaux de communication académiques, etc.). Pour des raisons que nous comprenons sans trop de difficultés, les institutions sont conservatrices, lentes à s'adapter, toujours immergées dans une culture "dépassée par les événements". Ceci est peut être moins évident dans une structure comme celle des Etats-Unis, où il y a une prolifération d'institutions et de centres plus ou moins privés, soumis aux lois du marché (seulement, il faut définir lequel...) et non à celles d'un ministère. Mais il faut aller plus loin. Toute institution est plus ou moins conservatrice ou le devient assez vite. Cependant, sans institution, il ne peut exister aucune pratique scientifique. Une fois institutionnalisée, toute pratique scientifique devient (ou redevient) normale, normalisée, même si, comme Stephen Toulmin a voulu le démontrer, les institutions et les paradigmes que nous connaissons sont moins cohérents, moins contraignants que Kuhn ne l'avait supposé. Il existera généralement en tout cas un "consensus" entre scientifiques, caractérisé non pas forcément par une unanimité de point de vue, mais par une spécialisation qui définit à la fois l'organisation interne de la problématique de la science en question et les frontières de cette science, ce qui la distingue d'autres disciplines ou d'autres pratiques de la science. Il paraît peut-être non seulement que notre destin scientifique est incertain (cela, on le savait déjà : on ne peut pas bien prédire le cours du développement scientifique) mais qu'il sera de plus en plus normalisé : normalisé après coup. Il y aura, il doit y avoir, semble-t-il, de plus en plus de chercheurs normalisés, bien organisés dans une institution rationalisée, qui n'aura même plus cette compréhension qui permet une défense plus ou moins "rationnelle" de l'ancien paradigme. Au contraire, le paradigme se protégera lui même, et c'est l'institution qui le rendra difficilement renouvelable. D'où viendront alors, dans l'avenir, les "révolutionnaires des sciences" ? L'existence d'anomalies ne suffit pas pour qu'une révolution ait lieu : ce n'est là que la part "objective". Il faut qu'une part "subjective" intervienne, c'est-à-dire une certaine "contre culture", comme disent les anthropologues; je préfère dire une "contre institution".

Politiques de la science et de la philosophie.

Mais qui dit "institution" dit politique. Nous en avons déjà parlé, très schématiquement, dans le contexte d'une différence tendancielle entres les "cultures" c'est-à-dire les pratiques scientifiques de l'Europe et des Etats-Unis. Mais la politique, dans le domaine scientifique, n'est-elle pas une mauvaise affaire ? On suppose généralement que la question se résume à celle du "pouvoir contre le savoir", de "l'irrationnel" contre le rationnel, etc... Et ce n'est pas tout à fait faux; mais ce n'est pas totalement vrai non plus. Car la distinction en question n'est pas "pure"; elle peut même être considérée comme assez suspecte. Lorsqu'on parle de "savoir", par exemple, on désigne entre autres choses le développement du savoir : aucun savoir ne se reproduit sans la découverte de nouvelles vérités. Mais un tel développement du savoir implique, nous le savons très bien, la spécialisation. Et la spécialisation veut dire : la division du travail. A-t-on cependant jamais vu une division "pure" du travail ? C'est-à-dire une division horizontale, commandée exclusivement par des facteurs "techniques" ? Toute division n'est-elle pas également verticale, ne correspond-t-elle pas à une différentiation du pouvoir, n'est-elle pas le résultat et le catalyseur de conflits et de luttes sous des formes ouvertes ou obscures ? Mais si la politique ne peut pas être "scientifique" (c'est l'idée courante : ou bien la politique n'est que la gestion des affaires, n'est que "management"; ou bien elle est plus que cela, et échappe par conséquent à la rationalité), la science ne sera jamais entièrement une affaire de "rationalité pure", dans le sens désiré. Il pourrait sembler qu'il existe une issue possible. Définissons en effet le "lien social et politique" en termes de gestion, de management et nous aurons un modèle de la pratique scientifique. La "fin des idéologies" désignerait la fin de la politique dans le sens spécifique de lutte idéologique. On aurait "rationalisé" la politique en la transformant selon une conception de ce lien social considéré comme lien entre des individus "calculateurs". Puisque tout le monde serait ainsi devenu un calculateur, chacun serait devenu un "petit scientifique". Bien sûr, il ne sera pas un grand spécialiste. Mais au minimum il calculerait les avantages et les risques qu'il court en fonction de l'information dont il dispose ou qu'il pourrait se procurer à tel ou tel coût plus ou moins élevé. Il n'y aurait ainsi plus d'institution qui viendrait contraindre la rationalité ou produire de l'irrationalité. Car l'institution ne serait alors qu'une fonction de l'intersection de rationalités discrètes et individuelles. Seulement, ce n'est pas comme ça que le monde marche. La politique n'est pas prête à disparaître. La philosophie le sait. Il y a des philosophes qui voudraient, justement pour cette raison, transformer la politique en "science" (Platon fut probablement le premier à le souhaiter). Ainsi, la philosophie deviendrait la première des sciences, le lieu de la rationalité pure, la théorie sans objet particulier, car ayant comme objet tout ce qui existe, la totalité : "everything".

Les "théories of everything".

La philosophie, pourrait-elle devenir en effet une théorie de tout ce qu'il y a, "of everything" ? Ou bien (c'est la même question, posée autrement) : la science pourrait-elle réussir à transcender les divisions du travail dont j'ai parlé, pour devenir elle-même ce savoir qui ne connaît pas la division, le savoir "of everything" ? Dans cette conception, le philosophe ne serait plus condamné à s'identifier comme fonctionnaire spécialisé dans la division du travail (scientifique, technique, horizontale). Il deviendrait ce qu'il a toujours été, le roi qui touche à tout et qui le guérit. A une question semblable, le philosophe américain Quine a répondu : mais pourquoi pas ? A la "grande" question "Qu'est ce qu'il y a ?" il a répondu avec sa "petite" réponse : "tout" (justement, "everything"). Mais une "theory of everything" est-elle possible ? J'ai déjà fait référence aux positivistes logiques et à leur conception de "l'unification de la science". Pour Carnap, il s'agit d'un principe d'épistémologie plutôt que d'ontologie. Dans les cosmologies récentes, il est question d'une "theory about a single object, and about its properties[1]". Mais Dominique Lecourt, dans *La philosophie sans feinte* [2] écrit : "C'est bien cette ambition sans mesure qui ... se déclare carrément lorsque les philosophes assignent à la philosophie la tâche de dire la vérité sur le Tout [....] Que désigne, dans leur discours, ce 'Tout' qu'ils se donnent pour objet ? Disons : l'ensemble des réalités existantes; le moi, le monde, Dieu, et la philosophie même [....] Si ... vous tenez le 'Tout' pour infini, ... il vous faut donc concevoir une médiation entre Etre fini et êtres finis [....] Si, à l'inverse, vous tenez que le 'Tout" est fini, ... alors il est dénombrable. Le 'Tout' peut être alors ex-

---

[1] Voir par exemple George Gale, "Cosmology", in *Handbook of Metaphyics and Ontology*, 1991 H. Burkhardt et B. Smith (éd.), Philosophia, Munich. p. 184.

[2] 1982, Albin Michel, Paris. p. 59.

haustivement divisé en parties distinctes [....] Dire la vérité du Tout revient alors à le mettre en ordre, et comme le Tout est le Tout (même s'il est fini), cet ordre ne peut être que l'ordre des ordres [....]. Bref : il est un ordre qui s'ordonne tout seul et assigne à chaque être sa place et sa fonction." Or on reconnaît dans cette dernière idée le parallèle d'une conception politique. Quel ordre "politique" par exemple s'ordonne tout seul ? Est-ce celui du marché libre ? Et on comprend mieux que les notions discutées ci-dessous sont à classifier dans un espace historico-philosophique très large.

Je prends un exemple à titre d'illustration : celui de gens qui pensent avoir trouvé la clé d'une telle théorie. Wheeler[1] l'appelle la géométrodynamique". Le problème, tel qu'il le conçoit, est que l'explication dans le domaine scientifique suppose l'application de lois physiques quelconques. Or une "theory of everything" est obligée d'expliquer, entre autres choses, le fait que chaque loi donnée s'applique au monde (c'est-à-dire le fait que telle ou telle loi est adéquate tandis que telle ou telle autre ne l'est pas). Deutsch propose la solution : un principe qui fondera toute loi, qui n'est pas lui même une loi mais un principe épistémique *a priori* à savoir que "toute théorie peut être encodée dans les états de systèmes physiques réalisables". Or, étant donné que toute théorie peut être exprimée comme une fonction, dans le sens de l'informatique, il s'ensuit, selon cette vision, que toute théorie pourrait en principe être programmée sur une machine de Turing (un ordinateur du type qui opère par des moyens finis). Si cela est vrai, il s'ensuit qu'il serait encore une fois en principe possible de réduire le nombre de théories adéquates au monde physique à une seule théorie, de la plus grande généralité. Et puisque cette théorie est ainsi unique, elle n'aura pas besoin, quant à elle, d'être expliquée ou autrement justifiée. Mais d'autres s'opposent à cette idée. Si l'on considère le concept fondamental de champ physique, on y retrouvera une référence à une entité qui ne peut être représentée que par des nombres réels. C'est-à-dire qu'un champ est une entité continue; et que pour représenter l'interaction des champs sur des objets il faut une intégrale, donc une somme d'une séquence de computations non énumérables. Mais une machine de Turing est incapable d'assurer une telle computation. Il existe donc toujours quelque chose, quelque pro-

---

[1] A. Wheeler, *Relativity, Quanta and Cosmology* , 1979, Harcourt Brace, New-York.

D. Deutsch, "In Wheeler's Notion of 'Law Without Law' in Physics", in *Foundations of Physics*, 16, 6, 1965.

priété, d'un champ qui ne sera pas explicable par la théorie unique. Par conséquent, ou bien la science n'explique pas (le) tout (beau résultat, soit dit en passant, aux yeux des adeptes du mysticisme), ou bien tout est capable d'explication mais chaque chose, ou plutôt chaque sorte de chose, de façon différente, à des niveaux différents et irréductibles, par des sciences différentes (et incapables, pour des raisons de principe, d'être unifiées). Dans le sens technique, "la" science serait une notion incohérente. "La" philosophie au singulier est-elle également une notion incohérente ? Peut-être que oui; mais ce n'est pas grave sauf, bien sûr, aux yeux de ceux qui croient à la "philosophie scientifique". Ceux ci supposent que le penseur qui ne croit pas à une telle philosophie scientifique, même pas à titre de projet ou d'idéal, veut "relativiser" sa discipline, dans le sens qu'il poserait la question, à l'égard de tout principe de la rationalité, du "sujet" de ce principe : s'agit-il de mon principe, de votre principe, de son principe, du principe de tel ou tel mouvement social etc... ? Il n'y aurait ainsi plus rien "d'objectif". Mais il s'agit là d'un malentendu. C'est plutôt que, pour chaque principe, il y a une théorie pour laquelle elle est principe; donc, pour chaque vérité, il y aurait une théorie dont elle est une vérité. Et il y a, irréductiblement, plusieurs théories. Par conséquent, il y a des conflits entre théories et ainsi, nécessairement, une politique de la philosophie. Il existe néanmoins une interaction conceptuelle entre ces théories. Kuhn l'avait déjà dit : la "normal science" est minée, à des moments donnés, non pas seulement par ses propres anomalies, qui sont un produit "interne" de sa pratique, mais par les "révolutionnaires" de la science, qui prennent leurs outils là où ils les trouvent par exemple, dans d'autres domaines scientifiques, dans d'autres théories. Or il faut constater qu'il ne peut pas y avoir de méthode générale pour déterminer la légitimité d'un tel emprunt. Mais là où il n'y a pas de méthode générale, il y a des méthodes particulières. Et il y a la politique. Non pas n'importe quelle politique: il s'agit encore une fois de la politique (ou faut-il parler des politiques ?) de la philosophie ? Cette politique de la philosophie ne tombe pas cependant du ciel. Elle est faite dans les institutions, dans les universités, dans les centres de recherche et ainsi de suite. Les philosophes "professionnels" y jouent le rôle de "spécialistes". Dans la division du travail horizontal, la philosophie serait-elle quand même une discipline "comme les autres", avec ses propres méthodes, son propre terrain, ses propres frontières ? On se souviendra peut-être que le théoricien du droit Carl Schmitt[1] avait soutenu que le propre du *nomos* européen, et il s'agit pour nous de questions européennes, était qu'il avait réussi à régler la pratique du rapt des territoires, par le moyen d'un système de droit portant sur le conflit armé, sur la guerre. Car l'important, selon Schmitt, ce qui fonde toute loi, toute règle, est le contrôle physique d'un territoire quelconque.

On pourrait dire : il en va de même pour la science. Il s'agit bien sûr d'une analogie, c'est d'ailleurs une méthode typiquement philosophique dans les sciences. Mais sur quel territoire la philosophie est elle souveraine ? Si elle veut être la "theory of everything", son territoire est global. En réalité, bien sûr, elle ne contrôle presque rien. Si au contraire elle renonce à cette ambition globale, elle peut en effet se réfugier dans un petit coin (dans ses propres facultés, dans ses propres départements, dans ses propres centres) pour devenir "spécialiste" de telle ou telle sous-discipline bien définie ou pour faire des alliances avec d'autres disciplines, pour ainsi s'assurer une sécurité "académico-militaire". Seulement, comme le dit très bien Mary Midgley, vous pouvez, comme philosophe, revendiquer les mêmes droits que le plombier du coin, parce que vous êtes tout aussi spécialisé que lui. Mais il y a un problème. C'est que la société a besoin du plombier. Du philosophe, elle s'en fiche. Mesurées selon le critère utilitaire, la philosophie ne se porte pas très bien. A quels arguments pourrait-elle faire appel pour démontrer son utilité; et de quelle espèce d'utilité s'agirait-il ? Sur le marché libre, elle ne se porte pas mieux, paraît-il, sauf à des moments de crise (sociale ou scientifique), ou pour des raisons de snobisme, là où les "valeurs de la haute culture bourgeoise" ne sont pas entièrement disparues. Les philosophes fonctionnent dans l'institution; alors il faut qu'ils fassent de la politique y compris une politique de l'institution. Cette politique ne sera pas en Europe ce qu'elle est aux Etats-Unis. Alors : quel type d'institution convient le mieux au développement, à l'épanouissement de la réflexion sur la science en Europe ? Je dirais, pour ma part, comme hypothèse première : ce sera ce type d'institution qui crée une culture de liberté, qui est capable de prendre des risques (donc, qui va avoir non seulement des succès mais des échecs, des pannes, il vaut mieux le savoir d'avance). Pour nous autres européens, qui fonctionnons toujours dans un contexte au moins partiellement étatiste et utilitaire, il s'agira donc de développer une stratégie

---

[1] C. Schmitt, *Der Nomos der Erde im Völkerrecht des Jus Publicum Europaeum*, 1950, Humblot, Berlin.

qui tiendra compte de cet environnement, de ces paramètres politiques. Il faudra pouvoir prétendre, avec un minimum de plausibilité, que l'acceptation de la liberté et du risque n'est pas en contradiction avec tel ou tel "intérêt social" brûlant. Nous aurons besoin d'institutions qui rendent possible une collaboration aux niveaux européen et international. Ceci n'est pas un projet de luxe : il faut que les différentes cultures de réflexion scientifique se confrontent, se comprennent et se mécomprennent (la mécompréhension peut, sous certaines conditions, jouer le rôle de catalyseur dans le domaine des idées et de la pratique des sciences). Je ne dirai pas que nous avons besoin d'une nouvelle "communauté scientifique européenne" ou "internationale", car ce serait une formulation plutôt vague et assez grandiloquente. Mais disons que nous aurons besoin d'institutions qui, sous un nom moins utopique et plus politique, abriteront ses citoyens à lui. Le citoyen, dans un tel contexte, est celui dont l'activité, au niveau politique, dépasse les bornes de la division du travail, soit technique, soit politique. Il nous faut par conséquent une république, non seulement des lettres, mais du savoir en général. Une telle république ne fonctionnera cependant pas, ou pas très bien, si elle se trouve isolée dans une Europe qui, elle, ne connaît pas encore une politique également républicaine. C'est-à-dire que la cité scientifique ne peut jamais s'isoler du pays dans lequel il se situe. Ce qui équivaut à dire que les citoyens de cette cité scientifique seront, en Europe, des citoyens de la république européenne (quelle que soit la forme, plus ou moins fédérale, plus ou moins nationale, que celle là prendra). Et puisqu'il s'agit de la nécessité pour le savant de se faire citoyen, nous savons qu'il ne peut s'agir, même à une époque d'"internationalisation" de l'institution scientifique, de se couper de la cité politique, c'est-à-dire de l'Europe, mais plutôt d'y développer une pratique politique adéquate à la lutte pour le savoir.

L'AVENTURE HUMAINE N° 2 - MAI 1995

AMÉRICANISATION ET POSITIVISME : LE CAS DE LA FINLANDE

*Keijo Rahkonen**
(traduit de l'anglais par Pascal Nouvel)

Abstract : *The article describes the "education and research" policy that has been conducted since spring 1993 in Finland, in prevision of joining the Europeean Union. It reports the introduction of the so-called "graduate schools" and points out the link between americanisation and positivism in this process. Although limited to the specific case of Finland, the exemple is believed to have some relevance for other countries.*

L'Académie des Sciences est la plus importante des institutions finançant la recherche fondamentale en Finlande (plutôt l'équivalent du C.N.R.S. que de l'Académie des Sciences française). Au printemps 1993, et en accord avec le Ministère de l'Education, cette Académie a engagé, par l'introduction des "*graduate schools*" une réforme radicale de l'enseignement supérieur. Accomplie sans discussion ni concertation avec le monde universitaire, cette réforme avait pour objectif de permettre une augmentation du nombre de thèses soutenues (PhD).

Le modèle d'organisation de ces cursus fut fourni, pour ainsi dire "clés en mains" par le système éducatif américain, ainsi que l'exprimait sans détour le "cahier des charges" établi par l'Académie : "le but est de mettre en place un enseignement de recherche de type américain". Le terme même de "*graduate school*" était directement emprunté à l'anglais, sans que le besoin d'une traduction, ne fut, semble-t-il, ressenti par ses concepteurs.

* Directeur du Département de Politique Sociale de l'Université de Helsinki.

En principe, les universités restaient libres d'adopter ou non ce système. Toutefois, seuls les étudiants qui y étaient inscrits pouvaient prétendre bénéficier d'une bourse de l'Académie, de sorte qu'en fait, toutes les universités furent contraintes d'adopter la nouvelle réglementation. Mais tandis que 207 demandes furent déposées, 67 seulement furent homologuées. Le système des "*graduate school*" fonctionna ainsi comme un agent centralisateur remarquablement efficace.

Quoi qu'il en soit, force est de constater que cette réforme ne prenait guère en compte les traditions dans lesquelles l'université finlandaise plonge ses racines. Depuis le Moyen Age, où la majorité des étudiants finlandais venaient faire leur études à Uppsala (Suède), à Rostock (Allemagne du Nord) à Louvain (Belgique) ou encore à Paris, l'université finlandaise est largement tournée vers l'Europe. Au XIX ème siècle, la Finlande, qui avait alors le statut de Grand Duché autonome de l'Empire de Russie, hérita, comme toutes les universités européennes de l'influence de Humboldt[1]. Si cette longue tradition a vu s'exercer de multiples influences, elle reste largement étrangère au pragmatisme dans lequel les systèmes américains puisent leurs appuis philosophiques. Il n'est pas impossible que cette dernière influence puisse en venir à jouer son rôle à son tour. Mais cela n'a guère de chance de réussir sans que de celles qui l'ont précédé il ne soit tenu aucun compte.

Coïncidence assez remarquable, c'est au moment où la Finlande se préparait à rejoindre l'Union Européenne, que s'est opéré ce qu'on peut bien appeler une "américanisation de la recherche".

Non moins remarquable est le fait qu'une telle réforme ait eut lieu pendant la période de récession économique qui vit s'accumuler les difficultés budgétaires des universités. L'américanisation apparaissait ainsi comme synonyme d'efficacité gestionnaire; pression économique et réforme administrative se conjuguaient ainsi curieusement pour pousser les universités vers l'idéologie du "management".

Il est toutefois un domaine qui accueillit favorablement cette réforme : celui des chercheurs en sciences expérimentales. Il est vrai que la plupart d'entre eux passent quelques mois ou quelques années dans des universités américaines

[1] Le concept moderne d'université date de la fin du XVIIIème siécle. Le modèle qui avait été esquissé par Kant en 1789, suscita de ferventes discussions où s'illustrèrent notamment Fichte, Schelling et Hegel. Alexandre Von Humboltd en réalisa concrètement le prototype à Berlin en 1810. (n.d.t.)

au cours de leur formation, mais lorsqu'on sait les facilités financières que peut procurer l'adhésion à un tel système, on peut bien le dire en matière de recherche de crédits : *homo homini lupus...*

Enfin, et ce point n'est pas étranger au précédent, il n'est sans doute pas indifférent que le système des "*graduate schools*" ait été, aux Etats-Unis mêmes, développés pour répondre aux exigences de formation de la recherche expérimentale, ce qui, naturellement, a tendance à renforcer la marginalisation des approches plus déviantes relativement à ce modèle.

Au cours de cette réforme de l'enseignement supérieur qui subsume les "humanités" et les "sciences sociales" sous un même concept directement dérivé des sciences expérimentales, ni la question dites des deux cultures (C. P. Snow[1]) ni *a fortiori* celle des trois cultures (Wolf Lepenies[2]) n'ont été en quelques façon prises en compte ou mêmes méditées.

Cet épisode constitue un bel - ou peut-être triste ? - exemple d'application de la conception positiviste d'unité de la science. En Finlande, au printemps 1993, nous avons pu voir se former les bourgeons du positivisme et de l'américanisation. Ce n'est d'ailleurs pas une exception. Le même modèle a été - ou essayé d'être - introduit dans plusieurs autres pays. D'où donc vient ce mouvement et qui le coordonne ?

---

[1]Dans une conférence prononcée à la Fondation Rede de Cambridge en 1959, Sir Charles P. Snow avait opposé la culture traditionnelle, littéraire, à la culture scientifique : les "deux cultures"; locution qui fournissait par ailleurs son titre à la conférence.(n.d.t.)

[2]Dans le livre "*les trois cultures- entre science et littérature, l'avènement de la sociologie*", publié en 1985, le sociologue allemand Wolf Lepenies, fait apparaître la sociologie comme un mode de culture spécifique et non réductible aux deux modes déjà distingués par C. P. Snow en 1959. (n.d.t.)

LE CONFORMISME DANS LA RECHERCHE SCIENTIFIQUE ET TECHNIQUE

*Dominique Lecourt**

Abstract : *The question of conformism is of theological origin. However its relevance extends to any institutions (an institution, whatever it is, can only be maintained through the observance of - and consequently conformity to - rules). A problematic situation is generated for scientific institutions : on the one hand the institution appears necessary to insure the logistic basis of research, on the other hand, the scientific discovery requires to overcome these limits.*

Un seul mot sur la notion de conformisme[1] qui peut surprendre dans ce contexte alors qu'il relève du vocabulaire religieux et moral : de Pascal à Stanley Cavell aujourd'hui en passant par Kant et John Stuart Mill, cette notion a été travaillée par les philosophes dans le cadre d'une interrogation fondamentale sur le pouvoir des règles sociales et leur intériorisation comme normes du comportement des individus. Toute société pour *durer* ou pour *tenir* a toujours dû *instituer* des règles pour *maintenir* les individus ensemble, c'est-à-dire pour *contenir* les forces dispersives - agressives - comme les forces fusionnelles qui en menacent toujours l'existence. Il est très délicat que d'obtenir l'*adhésion* à ces règles, mais plus difficile encore de trouver les dispositifs matériels et intellectuels pour que l'exercice de ces règles ne nuise pas à l'inventivité nécessaire, si l'on veut qu'elles ne fassent pas obstacle au renouvellement des pratiques. La réflexion des philosophes invite à penser que le plus grave ar-

---

* Professeur de philosophie à l'Université Denis Diderot. - Paris 7.

[1] Voir *Organisation de la recherche et conformisme scientifique*, 1994, Alain Esterle et Laurence Schaffar (éd), P.U.F., Paris.

rive lorsque l'*adhésion* des individus aux règles de l'institution se mue en *adhérence* : lorsque les comportements sont considérés comme "allant de soi". Lorsque la question du fondement des normes est perdue de vue, lorsqu'il n'y a plus place pour loger la petite question qui change tout : *"Et pourquoi pas autrement ?"*. L'expérience nous apprend que pour entretenir la flamme de cette question, rien ne vaut la perspective de l'histoire et l'outil de la comparaison : cela a été autrement autrefois; cela est autrement ailleurs. Ces remarques de portée très générale prennent un sens particulier lorsqu'on les applique à la recherche scientifique et technique.

Les institutions, les règles et les procédures qui sont aujourd'hui en usage à l'échelle internationale correspondent à une nécessité. Le gauchisme de laboratoire - celui de la *Radical science* - et l'anarchisme épistémologique qui ont secoué la dite communauté scientifique durant les années soixante-dix pêchaient par un idéalisme extrême : celui de la table rase qui peut s'avérer fort destructif, comme on l'avait déjà vu en Union soviétique en 1948 avec le triomphe de la "science prolétarienne" en matière de génétique.

Ces règles et ces procédures imposent aux chercheurs d'intérioriser un certain nombre de *normes* de comportement qui constituent ce que Paul Rabinow appelle leur *ethos* et que l'on peut codifier comme "déontologie". Chacun sait que cette déontologie se trouve mise à mal dans un certain nombre de secteurs sensibles, où la pression de la concurrence et les intérêts financiers en jeu conduisent certains chercheurs à la transgression - souvent avec l'aide des médias, ce qui ne va sans bénéfice narcissique secondaire pour celui qui s'y laisse aller. Il peut arriver que le nationalisme s'en mêle, avec les effets d'aveuglement mortifère dont il est porteur en ce domaine comme en d'autres.

Rien n'apparaît donc plus nécessaire aujourd'hui que de défendre et renforcer les règles et les procédures instituées par la communauté scientifique pour la production, la validation et la diffusion de ses résultats; règles auxquelles les chercheurs doivent de toute nécessité se conformer pour préserver sa fragile autonomie. Cette autonomie procédurale doit s'affirmer aussi bien face à l'Etat que face aux puissances économiques et financières dont pourtant les chercheurs se trouvent financièrement tributaires. Elle ne doit faire aucune concession aux médias qui de plus en plus peuvent apparaître comme une bonne voie pour faire court-circuit.

Mais le risque, à l'inverse, d'une telle conformation impérative, s'avère de faire verser la communauté toute entière dans le conformisme au sens que je viens de définir.

Comment négliger ce fait majeur et massif : l'organisation de la recherche telle que nous la connaissons est une réalité récente, elle ne s'inscrit pas sur le fil d'une histoire continue, et malgré l'internationalisation de la science elle présente (encore ?) des variantes régionales ou nationales qu'on ne peut pas tenir sans examen pour de simples survivances d'un passé dépassé.

Nous savons tous d'où nous vient cette organisation : des Etats-Unis où elle s'est établie pendant la seconde guerre mondiale. En soi cette remarque ne vaut nullement critique et encore moins condamnation, mais elle appelle une réflexion approfondie.

Aux Etats-Unis mêmes, la nouvelle division du travail scientifique a été rodée dans le cadre d'un programme particulier (le Manhattan Project) qui s'est trouvé être un programme de *physique*, et un programme de physique "*appliquée*". Un programme strictement finalisé, structuré et rythmé, par un objectif technologique pré-déterminé. Les acteurs et les témoins de cette aventure, les historiens et les sociologues des sciences nous ont livré tous les documents nécessaires pour soutenir cette affirmation. Il reste à apprécier, à sa mesure, le sens et l'immense portée intellectuelle et sociale de ce fait.

Voici quelques éléments d'analyse décisifs à mes yeux :

1) La fortune de ce modèle américain a, de toute évidence, tenu à l'extraordinaire *efficacité* du laboratoire-caserne de Los Alamos. Le sort de la guerre en dépendait, même si en définitive la bombe n'a pas joué le rôle qu'on attendait d'elle.

Mais les effets à long terme de ce fait ont été de renforcer une image de la science consubstantiellement liée à la philosophie américaine depuis un siècle et demi. Une image que les penseurs politiques américains ont toujours voulu rattacher à la figure éponyme de Francis Bacon : la valeur de la science est essentiellement *pratique*. C'est l'efficacité des applications immédiates qu'on peut en attendre qui justifie la recherche fondamentale et commandera son organisation. La référence à Bacon ne doit pas abuser : on tourne alors le dos à ce qui avait été la philosophie explicite des chercheurs qui en Europe avaient au cours des années vingt et trente mis sur pied la mécanique quantique, base théorique du travail de Los Alamos. Plus grave, me semble-t-il, la libre imagination des chercheurs qui s'exprimait dans l'exercice *phi-*

losophique des "expériences de pensée" se trouve dévalorisée au regard de la "rationalité" qu'on impose dans la division du travail. Et il ne suffit pas de remarquer que cette rationalité est *instrumentale*, ajustement de moyens en vue d'une fin donnée. Cette rationalité est *administrative*.

2) C'est la physique qui l'emporte, comme modèle. Cela ne fait que renforcer le "physicisme" dominant dans la philosophie américaine depuis les années trente et l'importation du positivisme logique d'origine viennoise. C'est donc implicitement le programme d'unification des sciences sur cette base qui se trouve repris. D'où des conséquences sur les sciences sociales et humaines qui se sont manifestées du *behaviorisme* au *cognitivisme*.

De ces deux remarques, on peut tirer pour conclusion provisoire que les institutions de la recherche ont par leur origine propension à prétendre résoudre un problème insoluble : programmer l'*imprévisible*. Que la valeur aux yeux de ses administrateurs et de la société consisterait à être immédiatement *adaptées* à la demande sociale. Qu'il y aurait lieu sans doute tout en conservant les avantages de ce système à prendre des dispositions pour réanimer le sens de l'*inventivité*. De telles dispositions passent sans doute par des organisations plus légères, plus mobiles et plus différenciées en fonction des *projets* et des *objets* distincts selon que l'on se trouve dans tel domaine ou dans tel autre. Le rôle de l'Etat est bel est bien de *garantir* et *promouvoir* cette possibilité contre les forces puissantes qui vont en sens inverse.

POLITIQUE OU ÉTHIQUE DE LA SCIENCE ? UNE NOTE.

*Fernando Gil**

***Abstract** : The impact - political, economical and social - of scientific research nowadays leads to new questions. They refer to what might be called an ethical policy as well as to a political ethics of science. Examples of recent developments are given which illustate both dimensions. An ethics of responsability is needed to cope with the challenges they entail.*

Il fut une époque où l'analyse de la politique de la science avait pour objet exclusif les relations des institutions scientifiques et des institutions politiques entre elles. Par conséquent, elle ne s'intéressait qu'à l'organisation des institutions, au financement des laboratoires, à la définition des priorités de recherche. Aujourd'hui, cet objet change de nature et, en ce domaine, la référence constante à l'éthique prouve bien que les enjeux se sont déplacés.

On remarque tout d'abord que l'internationalisation de la recherche se réalise sur de nombreux plans, qu'il s'agisse de la collaboration grandissante des laboratoires, de la création de centres de recherche multinationaux (C.E.R.N.), de grands projets européens, tels que E.S.P.R.I.T (Technologies de l'information), H.U.G.O. (génome humain) ou encore du "*Large Hadron Collider*" du C.E.R.N. L'Agence spatiale européenne en constitue un autre exemple. Cette internationalisation s'étend bien au-delà du territoire européen. L'Observatoire européen austral (E.S.O.) possède un centre au Chili, le programme spatial *Freedom* engage de nombreux Etats. Cette

* Directeur d'études à l'Ecole des Hautes Etudes en Sciences Sociales et professeur à l'Université Nouvelle de Lisbonne. Il a publié en français : *La logique du nom* (1973, L'Herne), *Preuves* (1989, Aubier) et *Traité de l'évidence* (1993, Jérôme Millon).

coopération s'étend largement : elle est intellectuelle mais aussi financière. Le coût prévu du *Superconducting Super Collider* (S.S.C.) américain - ce projet de recherche fondamental le plus onéreux de tous les temps - était de huit milliards deux cent cinquante millions de dollars, et la participation non-américaine s'y élevait à un million sept cent mille de dollars. Le projet *Freedom*, cinq fois plus onéreux que le SSC, devrait créer 75.000 emplois, alors qu'il engage plusieurs pays aux côtés des américains. On imagine la complexité d'une recherche internationale et à terme mondiale, lorsqu'il s'agit d'ajuster politique et science au contexte social et financier.

Politique et éthique

Du fait de l'impact politique, économique et social considérable des recherches, il convient de revenir sur les interrogations habituellement soulevées concernant les sciences en Europe : celles qui portent sur une *politique éthique de la science* ou une *éthique politique de la science*. Dans la première expression, *éthique* est le mot clef. Une politique de la science qui serait éthique se laisserait guider par cette dernière. Mais par quelle éthique, ou par quel aspect de l'éthique ? A une telle question s'en ajoute une autre : sommes-nous armés pour affronter les problèmes éthiques posés par le développement des sciences et des technologies ? La seconde expression, éthique politique de la science, met en revanche l'accent sur *politique*. Une éthique de la science qui serait politique s'exprimerait par des pratiques qui prennent en compte les implications politiques de la recherche. La politique éthique est l'affaire des institutions, l'éthique politique est pour l'essentiel du ressort des chercheurs. Cependant, les questions d'une éthique politique sont les mêmes que celles d'une politique éthique : quel est le contenu du mot *éthique*, sous quelles formes cette exigence doit-elle se traduire ? Les deux formules sont orientées différemment - la première part de la politique pour aboutir à l'éthique, la seconde part de l'éthique pour rejoindre la politique - mais les mêmes questions éthiques demeurent pourtant au cœur de l'une et de l'autre.

Les problèmes de la politique éthique de la science, et ceux de l'éthique politique de la science, surgissent aux différents niveaux de la recherche : au niveau de l'institution, des choix théoriques, des effets et applications de la science. Ils sont connus sous les mentions suivantes : atteinte à l'intégrité physique et morale de la personne, donation artificielle de la vie et assistance d'autrui à la décision de disposer de sa vie, nucléaire, protection de la nature, etc. Toutefois, ils touchent d'autres aspects moins immédiatement perceptibles et se ramènent, dans tous les cas, aux deux interrogations sur l'objet et le mode d'intervention de l'éthique.

Les débats autour du S.S.C., cet accélérateur de particules géant qui devait voir le jour au Texas, illustrent plusieurs de ces aspects. L'objectif premier du S.S.C. était de détecter une particule - appelée *Higgs* - différente de celles qui sont actuellement connues (le neutrino, la particule-*tau*). Cette particule fournirait la clef d'une théorie générale dont on pourrait dériver l'ensemble des lois physiques. Dès lors, il n'est pas étonnant que les scientifiques se soient constitués en "*lobby*" pour défendre la construction de cet accélérateur. Mais, le S.S.C. était censé aussi créer directement 7.000 emplois au Texas, et indirectement bien davantage (22.000 contrats de toutes sortes sont déjà établis en 45 Etats américains). Si George Bush a, en son temps, fortement appuyé ce programme, Bill Clinton en a fait un élément de son programme économique. La recherche devient une pièce essentielle du dispositif économique, sans qu'il soit nécessairement tenu compte de la teneur scientifique des recherches.

Il faut néanmoins soulever quelques questions. Car, sur le plan scientifique, le projet entraîne inévitablement des coupes sombres dans d'autres budgets de recherche. De plus, on peut douter des résultats escomptés, dès lors qu'ils promettent une théorie "définitive" de la physique. Enfin, la quantité d'énergie produite dans ce cas demeurera infime par rapport à ce qu'il aurait fallu obtenir.

Sur le plan économique, la situation n'est pas plus claire. Le S.S.C. représentait peut-être un facteur de développement, mais rien n'est assuré. Les décisions paraîssent d'ailleurs intimement liées à des critères et des évaluations électorales. Il n'est pas exclu que ces décisions soient fondées sur des compromis entre une foule d'intérêts différents et, à terme, incompatibles.

Dès lors, il s'agit d'une situation d'incertitude et d'une incertitude considérable sur tous les plans. Et, c'est le cas de tous les projets de cet ordre de grandeur, actuellement. En somme deux questions se posent : les physiciens sont-ils *responsables* lorsqu'ils réclament de tels instruments de travail ? C'est là un problème d'éthique de la recherche. Les pouvoirs publics sont-ils *responsables* lorsqu'ils investissent des sommes colossales dans un projet dont les résultats scientifiques ne sont pas garantis ? C'est là un problème de politique éthique de la science.

Responsabilité et science

L'ampleur actuelle des programmes de recherche, leur coût, la complexité de leur gestion, une crise économique durable, l'exigence d'une solidarité active envers plus de la moitié de l'humanité, tout ceci donne aux décisions une portée éthique immédiate. L'écologie de la recherche scientifique ne se résume pas à cet arrière-plan. Les rapports de la science à l'argent, à l'Etat, aux médias, à la société, posent d'autres questions de politique éthique et d'éthique politique.

Mentionnons un exemple : le brevetage des découvertes intéressant le vivant. La querelle du SIDA a mis en relief comme jamais auparavant la dépendance de la recherche vis-à-vis des intérêts économiques. Les enjeux économiques du SIDA - un brevet de la valeur de plusieurs centaines de millions de francs annuels - ont transformé un problème de priorité de la découverte en affaire dont la violence, portée sur la place publique, a affecté les règles mêmes de la démarche scientifique et a donné une image affligeante de la science, au regard d'une souffrance humaine sans pareil.

Quelques considérations sur la question des brevets pourraient être ajoutées à cela. On remarque en effet, de plus en plus, que les brevets de recherche ne sont pas obtenus à l'occasion de résultats de recherche, mais en vue de projets de recherche. Cela mène au seuil d'un brevetage progressif de la connaissance elle-même. La communauté des chercheurs et l'humanité tout entière cessent de pouvoir disposer librement des orientations de recherche.

La responsabilité des chercheurs n'est pas engagée à ce seul niveau. Elle l'est aussi dans les relations qu'ils entretiennent avec les médias et la société. Les sollicitations des médias, la tentation de frauder, les engagements dans la démocratisation du savoir, constituent autant de points de discussion. Mais, c'est bien évidemment, aujourd'hui, à l'égard du vivant qu'une politique éthique doublée d'une éthique politique de la science font cruellement défaut. Le professeur Jacques Testart va-t-il trop loin lorsqu'il s'interdit toute manipulation d'embryons ? La thérapie génique comme les collectes de placentas, les transplantations d'organes et de tissus, les empreintes génétiques, les transferts d'embryon, les différentes modalités de diagnostic prénatal et la médecine prédictive, l'insémination artificielle, impliquent des décisions éthiques qui engagent à la fois les sujets concernés, la médecine et la biologie, l'Etat, la société.

Ce bref répertoire reprend les indications proposées dans le rapport du professeur Jean-François Mattéi, déposé le 17 novembre 1994. Ce dernier expose la question liminaire suivante : "Face à l'insuffisance de la seule morale, à l'impossible légitimité des logiques religieuses, à la démarche trop lente du droit, le législateur est-il fondé à intervenir ?". Il propose alors "d'engager une réflexion théorique et d'évaluer l'opinion", "en dressant un état des lieux des problèmes dont l'émergence est trop récente pour avoir été identifiée par les travaux précédents". Si le législateur est fondé à intervenir, sur quoi se fondera à son tour son intervention, si la morale, la religion, le droit constitués s'avèrent impuissants à lui procurer des lumières ?

Ces problèmes sont essentiellement des problèmes de responsabilité. C'est l'objet de l'éthique qui s'en trouve convoqué. On en revient donc très légitimement à l'exigence weberienne d'une éthique de la responsabilité et non pas à celle d'une éthique de la conviction. La responsabilité se prend face à l'avenir autant que dans le présent. Qu'il s'agisse du destin de l'individu ou de la société, la dimension temporelle s'affirme constitutive de presque tous les champs évoqués. C'est là quelque chose de proprement vertigineux. Et résulte directement de ce que la science qui informe l'ingénierie médicale permet par essence la prédiction.

Enjeu éthique

L'accent mis sur la responsabilité plutôt que sur la liberté - et *a fortiori* sur la conviction - déplace sensiblement l'enjeu éthique. La décision responsable suppose un maximum de connaissance - pour être responsable, il faut savoir évaluer les données et les conséquences de l'action - et cette responsabilité s'exprime par le pouvoir de s'interdire cette action. Or, nous sommes régulièrement mal préparés à penser ces deux versants de la responsabilité. Nous devons juger de situations de plus en plus complexes, nous éprouvons la plus grande difficulté à donner chair à l'éthique de la responsabilité - notamment à effectuer une opération dont cette éthique se soutient, à savoir, se mettre à la place d'autrui -, difficulté qui bien entendu redouble si on doit se mettre à la place de ce qui n'existe pas encore. Se mettre à la place d'autrui et imaginer les effets de son action - ou de l'action des choses - sur moi, serait pourtant le meilleur chemin vers une compassion susceptible d'anticiper la souffrance et de sauvegarder l'intégrité de la personne. Mieux que l'éthique des droits et du respect abstrait, une éthique de la responsabilité permettrait les interdictions consenties qui sont peut-être la seule arme - le mode d'existence de l'éthique - contre la fatalité qui semble pousser chaque invention technologique à être appliquée sans hésitation.

LA SCIENCE ET LA CULTURE EN EUROPE [1]

*Antonio Ruberti & Michel André**

Abstract : the following text has been extracted from the book Un espace européen de la science by Antonio Ruberti and Michel André. It presents some remarks about science and culture and points out the importance of the atomic bomb in the recent redifinition of their connection.

Quels rapports la science et la technologie entretiennent-elles d'ailleurs, dans la société d'aujourd'hui, avec la culture ? La question est compliquée du fait, notamment, de la multiplicité de sens dans lesquels il est possible d'entendre le mot "culture ". On reviendra sur ce problème de façon approfondie plus loin dans cet ouvrage. A ce stade, contentons-nous de le mentionner : parmi les aspects à prendre en compte dans l'analyse du système scientifique et technologique contemporain, l'évolution des rapports entre science, technologie et culture représente un élément d'importance.

Il y a trente ans, l'écrivain et penseur de la science Charles P. Snow[2], dans une conférence rapidement devenue fameuse, relevait, pour la déplorer, la coexistence de "deux cultures" distinctes et se tournant mutuellement le dos : la culture scientifique d'un côté, la culture littéraire et humaniste de l'autre. Depuis l'époque où il dressait ce constat, la situation n'a pas fondamentalement changé. Peut-être s'est-elle même détériorée. De combien de scientifiques peut-on en

---

[1] Ces pages sont extraites de l'ouvrage *Un espace européen de la science*, 1995, PUF, Paris.

* Antonio Ruberti est professeur de Théorie des systèmes à l'Université de Rome et a été Commissaire européen à la Recherche et l'Education. Michel André travaille à la Direction générale Science, Recherche, Développement de la Commission Européenne.

[2] C. P. Snow, *Two Cultures, and A Second Look*, 1964, Cambridge University Press.

effet dire aujourd'hui qu'ils possèdent une véritable "culture scientifique" ? Les créateurs de haut niveau témoignent généralement d'une réelle connaissance de l'histoire et des bases de leurs disciplines. Souvent, ils maîtrisent à un degré étonnant des parties importantes d'autres disciplines, voire des connaissances de caractère historique, littéraire ou artistique.

Tel n'est toutefois pas le cas de la majorité des chercheurs. Bousculés par l'accélération du progrès des connaissances, pressés de produire des résultats, beaucoup d'entre eux perdent le contact vivant avec le cœur et le sens de l'entreprise scientifique pour se transformer en techniciens de la production des connaissances.

Parallèlement, souvent en opposition explicite au monde des sciences exactes et naturelles, une classe "d'intellectuels" s'est constituée, rassemblant hommes de lettres et spécialistes de sciences sociales et humaines. Entre ceux-ci et les chercheurs, l'inter-compréhension reste faible, et le dialogue limité.

En droit et en fait (si l'on considère l'histoire) composante essentielle de la culture européenne, la science occupe donc, à l'intérieur de celle-ci, une position ambiguë. La professionnalisation croissante de l'activité scientifique, la complexification du système scientifique et technologique, l'accroissement phénoménal du volume des connaissances et la spécialisation croissante de l'activité de recherche, rendent les rapports de la science et de la culture à tout le moins problématiques. Leur intégration harmonieuse, telle qu'on a pu l'observer à l'âge des Lumières et que l'illustrait, parmi de nombreux autres, un esprit comme Fontenelle, n'est à coup sûr plus possible, et un nouveau modèle est à l'évidence à inventer.

Une "sphère" de la culture ou, plus généralement, du monde des valeurs extra-scientifiques directement affectée par le développement scientifique et technologique, est celle de l'éthique. "Les physiciens - affirmait Robert Oppenheimer après l'explosion de la première bombe atomique - ont à présent connu le péché". La formule est dramatique à l'excès et son sens réel pas toujours bien saisi. Plus encore que les possibilités d'utilisation de l'énergie nucléaire à des fins destructrices, ce qui tourmentait Oppenheimer, était le plaisir - attesté par de nombreux témoignages - pris par les physiciens de Los Alamos, dans l'enthousiasme de la résolution d'un problème technologique difficile, à fabriquer un engin de mort.

De l'avis général, quoi qu'il en soit, c'est bien la mise au point de la bombe atomique qui signe la rupture du contrat de confiance entre la science et la société, tel qu'il avait été établi au siècle dernier. Quelques années plus tard, les premières avancées du génie génétique cristalliseront toutes les interrogations sur les conséquences possibles et les problèmes moraux posés par le progrès des connaissances et des technologies. Ici aussi, on y reviendra plus loin.

LE LIVRE EN QUESTION

LE MYTHE DE L'ENTREPRISE DE JEAN-PIERRE LE GOFF (ED. LA DÉCOUVERTE, PARIS 1995)

*Jean-Michel Naudon**

Le livre de Jean-Pierre Le Goff, *le mythe de l'entreprise*, récemment réédité, pourrait être résumé par ce leitmotiv publicitaire paru récemment dans un magazine : "L'entreprise crée les emplois, crée la richesse économique et crée le progrès".

Chacun sait aujourd'hui que rien n'est aussi simple. Qu'on songe par exemple aux multiples applications de la "*programmation neuro-linguistique*"(P.N.L.) qui dérivent tous peu ou prou de ce principe. On sait bien que dans les entreprises françaises, la pause thé-gymnastique à dix heure, ça ne fonctionne pas. L'efficacité des stages de plein air, des sauts à l'élastique et autres applications systématiques de la P.N.L., est un mythe; il suffit d'un peu de bon sens pour s'en rendre compte. Bien vite d'ailleurs, les salariés se montrèrent dubitatifs à l'égard de telles pratiques. On a ainsi pu rapidement distinguer trois populations, parmi les cadres notamment : ceux qui y croyaient, ceux pour qui tous les moyens

* Directeur des Cadres et du Développement dans une importante société de services.

étaient bons pour sortir du cadre figé de l'entreprise, enfin ceux qui ne manquaient jamais l'occasion de railler de leurs sarcasmes ce qu'ils appelaient une "pseudo-mobilisation".

Il y a trente ans, Maurice Clavel dénonçait la substitution - pour partie réelle à l'époque - de la prolétarisation par l'aliénation. Faut-il rappeler que les salariés d'aujourd'hui ont cessé d'être corvéables et maléables à merci. Bien qu'étant dans une relation de subordination vis-à-vis de leur employeur, ils gardent leur liberté d'esprit. Que l'entreprise leur en offre ou non l'opportunité, ils la manifestent. Ou bien, et c'est notamment le cas dans le milieu de la création publicitaire, une grande liberté de parole et de pensée constitue une condition du travail lui-même. Si au contraire l'entreprise est vécue comme un carcan, l'humour, la plaisanterie, le sarcasme, le bon mot auront pour vocation de subvertir le système. Ainsi, dans tous les cas, l'entreprise n'est pas seulement un lieu de travail, c'est aussi un lieu de vie ou s'exprime et se manifeste la liberté des employés.

Mais voici une question que l'on pourrait adresser à Jean-Pierre Le Goff : qu'entend-il au juste par *entreprise* ? Qu'y a-t-il de commun entre une entreprise multinationale présente dans plus de cent pays et la petite structure de cinq ou dix salariés des faubourgs d'Oyonnax spécialisée dans la plasturgie ? Prendre l'exemple de Bouygues comme représentatif de la situation de "l'entreprise" entendu au sens général est à tout le moins caricatural. Que cette entreprise soit en mesure d'afficher aujourd'hui une extraordinaire réussite économique n'est pas contestable, mais faut-il pour autant la prendre comme modèle ? Faut-il considérer que cette réussite est le fruit de l'application systématique d'une modélisation de son personnel, ainsi que le suggère l'auteur ? Une modélisation aussi outrancière est-elle une condition nécessaire à la réussite économique rapide et brillante ? Ou bien existe-t-il d'autres facteurs déterminants dans ce cas particulier ?

Les nombreuses entreprises de microinformatique qui ont connu récemment le succès que l'on sait sont autant de contre-exemple à celui de Bouygues. Tout juste peut-on concèder que dans une branche professionnelle donnée, à une époque donnée et pendant un laps de temps donné, une approche de modélisation systématique a pu avoir un certain succès. On a d'ailleurs pu voir a quel genre de résultats pouvait conduire le caractère tyrannique d'une telle méthode une fois transposé dans l'audiovisuel. Le succès évident du groupe dans le domaine du bâtiment et son échec mitigé dans le domaine audiovisuel ne suffit-il pas à montrer que la réussite d'une entreprise n'est jamais réductible à la simple application de méthodes ou de "recettes" aussi sophistiquées soient-elles ?

Si, comme l'indique l'auteur, certaines entreprises du service public comme E.D.F. ou l'Assistance Publique ont cherché à copier le modèle de l'entreprise moderne, ne conviendrait-il pas noter que ces modèles ont très vite marqués leurs limites : on ne traite pas de la même manière un mal de tête et un ongle incarné !

D'ailleurs en ce qui concerne les dépenses de santé, il conviendrait peut-être ici de faire une remarque incidente : sur quels fondements s'appuie-t-on pour opposer qualité des soins et logique financière ? N'est-il pas évident aujourd'hui, après une période de très forte croissance des dépenses médicales, que loin d'être simplement opposés ces deux paramètres sont bien plutôt corrélés positivement : plus la qualité des soins est élevée et efficace, et moins elle est coûteuse. Ce qui est vraiment coûteux en matière de santé, ce sont les soins qui ne soignent pas, les soins inefficaces, toujours à reprendre et à refaire.

Le mode quelque peu caricatural de pensée de l'auteur se révèle encore lorsqu'il évoque "la révolte d'un cadre brisé" comme significatif d'un état de malaise entre employeur et employé. L'épisode qu'il rapporte à ce propos du cadre commercial de Rank Xerox séquestrant son P.D.G. est resté tout à fait isolé et n'a jamais connu de répétition.

La séquestration collective est assurément autre chose, et ses causes sont également très différentes. Elles sont vraisemblablement à rapprocher des phénomènes de démotivation du personnel se manifestant sur de longues périodes et de manière presque insensible : on a pu constater *globalement* que l'on était passé d'une période "entreprise je vous aime" dans le milieu des années 80 à ce que certains sociologues ont pu appeler le "divorce doux" entre l'entreprise et son encadrement au début des années 90.

Notons pour finir la critique acerbe que l'auteur fait porter aux règles de confidentialité dans l'entreprise. Celles-ci ont, le plus souvent, une justification d'ordre commercial. Ainsi, si certaines grandes entreprises, comme I.B.M. par exemple, sont allées un peu loin dans ce domaine, n'est-ce pas en raison de leur situation particulière ? compte-tenu de la nature des produits qu'elle fabrique (quoi de plus facile à copier en effet qu'un logiciel) le non-respect des règles de confidentialité constituerait un risque pour l'entreprise toute entière. D'ailleurs l'expérience montre que les sas d'accès, les codes, cartes sont en fait assez facilement acceptés par les salariés tandis que la surveillance directe impliquant un agent ayant autorité pour effectuer un contrôle sont généralement moins bien supportés. Il me revient à ce propos l'anecdote d'un collègue Directeur des Ressources Humaines qui avait voulu mettre en place un système de contrôle à l'entrée d'une tour à la Défense. Les quolibets avaient fusé : "à quand les chiens ?", "facho" etc. Les mêmes, six mois plus tard, au moment des attentats iraniens à Paris, demandaient la mise en place de mesures de sécurité plus draconiennes.

Il n'est pas jusqu'au titre de la conclusion du livre de Jean Pierre Le Goff "*De l'échec de mai 68 à la barbarie douce du management*" qui ne comporte quelque exagération verbale. Si comme le souligne l'auteur, le débat aujourd'hui "se focalise sur le mode de gestion des contraintes économiques et de leur accompagnement social" il est cependant un peu hâtif d'en déduire que "l'idéologie managériale ... est une nouvelle expression d'une tentative d'homogénéisation de l'entreprise et de la société".

Il se pourrait que le danger réside davantage dans le fait d'assigner à l'entreprise la seule perspective financière comme finalité unique. L'entreprise n'est pas simplement une mécanique à produire des effets financiers. En économie libérale le profit est sans doute une finalité, mais ce n'est pas, ce ne doit pas être la seule finalité de l'entreprise. Qu'on considère un instant l'entreprise dans sa fonction de cohésion sociale et on concevra qu'à l'évidence son rôle ne saurait être enfermé dans une simple logique économique et financière. De la même manière, il n'y a pas "l'entreprise" mais "des" entreprises; il n'y a pas une catégorie de salariés mais des salariés divers et variés; enfin, il n'y a pas une unique logique de rentabilité, mais de multiples "possibles" que les entreprises doivent sans cesse scruter, solliciter, et dans lesquels parfois, il leur est permis de se risquer.

BLOC-NOTES

La rubrique Bloc-Note présente des commentaires critiques sur des publications récentes : L'hypothèse stupéfiante de Francis CRICK, *Le foulard et la république* de Françoise GASPARD et Farhad KHOSROKHAVAR, *Introduction à la critique de la Raison arabe* de Muhammad abed AL-JABRI, *Charles Maurras et les catholiques français (1890-1914). Nationalisme et positivisme* de Michael SUTTON, *Les enfants du bon Dieu : les catholiques français et la procréation au XX ème siècle* de Martine SEVEGRAND, *Marville, Paris* de Marie de THÉZY, *Gingerbread Man* (CD-ROM) de "The RESIDENTS". *Orwell, Anarchist Tory* de Jean-claude MICHÉA. *Rhétorique Spéculative* de Pascal QUIGNARD. *Le monde de Sophie. Roman sur l'histoire de la philosophie* de Jostein GAARDER. *Contes et nouvelles* de Kenzaburo OÉ.

L'hypothèse stupéfiante
de Francis Crick
(Trad. franç. Plon, Paris, 1994)
par ***Bernard Andrieu***

Après avoir obtenu, en 1962, le prix Nobel pour sa découverte, avec James Watson, de la structure d'ADN, le physicien et biochimiste Francis Crick s'est orienté, depuis le milieu des années soixante-dix, vers les neurosciences. Travaillant au *Salk Institute de la Jolla*, en Californie, il a pu collaborer avec les principaux partisans du matérialisme éliminativiste : Paul M. Churchland, Patricia S. Churchland, Terrence J. Sejnowski, Christof Koch... Autour du problème de la définition de la conscience, l'ouvrage de Crick arrive peu après deux autres importantes livraisons - *La conscience expliquée* de Dennett (O. Jacob, 1993) et *Biologie de la conscience* d'Edelman (O. Jacob, 1992) - : celle de G. Edelman, défenseur d'une thèse évolutionniste, analyse la conscience comme le niveau complexe d'activité des réseaux neuronaux, tandis que D. Dennett, défenseur d'une thèse cognitiviste, comprend la conscience à partir des propriétés émergentes.

La conscience serait une hypothèse stupéfiante dont il faudrait évaluer la rigueur au regard de l'expérimentation neuroscientifique. Car saisir la vraie nature de l'âme humaine consiste pour Crick en un exposé des résultats de la neuropsychologie contemporaine : la vision, l'attention, la mémoire, la perception. Il redécouvre les psychologues de la Gestalt, Max Wertheimer, Wolfgang Köhler et Kurt Koffka, mais pas pour conclure différemment de la phénoménologie de la perception d'un Merleau-Ponty. S'il est vrai que la conscience exige une forme d'attention, Crick la trouvera dans les mécanismes utilisés par le cerveau pour voir le monde et en traiter les informations. Ce raisonnement analytique est utile pour servir le projet du neurobiologiste de réduire toutes les activités mentales selon des processus neurobiologiques.

Aussi l'espoir serait grand d'attendre, non pas la localisation neuronale, la délimitation des interactions des différentes parties du cerveau : si bien qu'un après-midi, après avoir pris connaissance des travaux d'Antonio Damasio, Crick raconte s'être rendu "à un de ces thés et annonçait à Pat Churchland et Terry Sejnowski que le siège de la volonté avait été découvert ! Il se situait dans la circulaire antérieure ou pas loin". Toute la philosophie de la conscience doit-elle résider dans cette hésitation ?

Le foulard et la république
de Françoise Gaspard et Farhad Khosrokhavar
(La Découverte, Paris, 1995)
par ***Hocine Benkheira***

Les auteurs déclarent vouloir éclaircir *le sens du voile* (p. 7). Ils s'appuient pour ce faire sur une enquête de terrain, dans laquelle ils accordent une importance de premier plan à des entretiens avec de jeunes musulmanes.

Partant de là, les auteurs défendent deux thèses :

1) Le voile est polysémique, sa signification dépend du *contexte sociologique* (pp. 34, 37, etc.). Il n'y a là rien de surprenant de la part de sociologues. A partir de ce postulat, ils proposent de distinguer "trois voiles" : le voile traditionnel ou coutumier (celui des mères et des grands-mères), le voile "revendiqué" et le voile "imposé". Pourtant, ils négligent le premier et de dernier, et privilégient le second. Si l'on peut admettre facilement que l'étude du voile "imposé" ne peut rien apporter à la compréhension du phénomène, exclure celle du

voile coutumier constitue une erreur manifeste. Il est certain que ce type de voile ne concerne pas les jeunes filles qui font la "une" des journaux, mais on ne peut pas le traiter comme *insignifiant*. Car ce voile est lui aussi assumé, voire revendiqué par les femmes qui l'arborent; la règle coutumière exige, elle aussi, une adhésion du sujet. Sur ce plan, on peut reprocher aux auteurs d'avoir refusé d'emblée toute comparaison entre le voile traditionnel des mères et le voile "revendiqué" des filles. Tout compte fait, ils ne reconnaissent de subjectivité qu'à ces dernières, les premières sont traitées comme si elles n'étaient que des marionnettes de la tradition. Cette attitude s'explique quand on passe à l'examen de la seconde thèse défendue dans ce livre.

2) Le voile est un mode d'entrée singulier des musulmanes dans la modernité. Cette seconde thèse est étayée par le recours à quelques critères sociologiques traditionnels (connaissance du français, exercice d'une activité professionnelle). Cependant le principal argument des auteurs est que le voile "revendiqué", le seul dont il soit question, est la forme que prend l'individualisme chez les jeunes immigrées. Il ressort de ce travail que le port du voile n'est pas uniquement un fait social, mettant en cause une communauté et/ou une religion, mais est aussi un fait individuel, dont on ne peut donc saisir toute la portée si l'on fait l'impasse sur cet aspect. Pourtant ils n'en tirent pas toutes les conclusions qui s'imposent, notamment que le port du voile ou plutôt la décision de porter le voile ou de l'imposer à la sœur, la fille ou l'épouse, constitue une façon de traiter ou de résoudre *un conflit*. Le foulard est l'expression d'un conflit qui met en cause, à travers l'interrogation sur l'identité, la subjectivité. C'est cela qui gît derrière les prises de position individualistes.

La problématique de ce livre comporte d'autres points faibles, parmi lesquels il faut en souligner deux en particulier :

1) Peut-on prétendre éclairer "le sens du voile" sans faire aucune référence aux textes religieux (Qurân, hadîth, commentaires qur'âniques, fiqh) ? L'ouvrage est animé par un parti pris anti-scripturaire. Ce qui est implicite, c'est que "le sens du voile" *singulier*, celui que les chercheurs ont devant les yeux, *hic* et *nunc* (ce qu'ils appellent "le voile français") n'a rien à voir avec le sens que peut lui donner l'autorité religieuse. La référence aux textes religieux et à leur interprétation est constante, notamment dans les entretiens, mais elle n'est jamais explicitée et encore moins analysée. Le phénomène de la croyance et donc de l'adhésion du sujet au dis-

cours du pouvoir, qui est incontournable si l'on veut comprendre le port du voile, est mis de côté et traité comme s'il était sans intérêt. Sans exagération aucune, on peut dire que les auteurs ont pris le parti d'analyser le problème du voile comme s'il n'avait aucune signification religieuse.

2) Il y aurait été très fructueux de comparer le port du voile en France avec le port du voile dans les pays d'origine des immigrés (Maroc, Algérie, Turquie etc.). L'hypothèse d'un voile "français" (pp. 59-60 et 193) est par trop excessive. S'il y a un voile "français", ce voile n'aurait alors aucun lien avec celui que portent les jeunes musulmanes ailleurs. Cela va dans le sens de la thèse d'ensemble défendue - à savoir que bon gré mal gré le voile "revendiqué" est un indice de "l'intégration sans assimilation". Ce faisant l'on vide le voile, du rite, de sa portée anthropologique, qui n'est évoquée, notamment lors des entretiens, que de façon "négative", comme la face non revendiquée. Si le voile est "français", c'est parce qu'il est un "révélateur des tensions" qui se manifestent dans la société française, d'autant plus qu'il atteste, en même temps que d'autres phénomènes, du regain du communautarisme, et qu'il constitue à sa façon un recours devant l'effondrement de nombreuses institutions. Si les auteurs ont raison de vouloir traiter le problème dans le cadre de la société française, ils ont tort de vouloir ignorer sa dimension purement religieuse et anthropologique. Il est difficile de ne pas voir que le voile se répand de façon massive simultanément en France et au Maghreb.

Introduction à la critique de la Raison arabe
de Muhammad Abed Al-Jabri
traduit de l'arabe par A. Mahfoud et M. Geoffroy
(La Découverte/Institut du monde arabe, Paris, 1994)
par *Hocine Benkheira*

La modernité dans le monde arabe et/ou islamique, nous dit Al-Jabri, ne peut pas être le produit de la simple imitation des modèles occidentaux, elle doit passer de façon inévitable par l'assimilation critique de la tradition - c'est-à-dire l'héritage philosophique principalement - et non comme le soutiennent les modernistes, adeptes "d'une fausse conception de la Modernité" (p. 27), par le rejet de celle-ci. De ce point de vue, l'auteur appartient à une tradition de pensée arabe, voire islamique, qui a toujours combattu l'influence étrangère tenue pour intrinsèquement néfaste. C'est pour cela, nous dit-il, que les sources de la modernité dans le monde arabe et islamique doivent être endogènes. Dans cette perspective, il s'élève aussi bien contre le modernisme nihiliste, qui rejette la pensée islamique sous prétexte qu'elle est incompatible avec la modernité, que contre le fondamentalisme, qui refuse tout sens critique et historique et s'enferme dans "une compréhension traditionnelle de la tradition" (p. 49). C'est pour une rupture avec ce mode de penser que milite Al-Jabri.

Mais l'essentiel de cet ouvrage réside dans une interprétation de l'histoire de la philosophie islamique. Selon l'auteur, cette histoire reste incompréhensible tant qu'on ne prend pas en ligne de compte son aspect dynamique, c'est-à-dire si on néglige de la traiter comme "un tout" (p. 79) et si on ne voit pas qu'elle fait partie d'un tout plus vaste qui est "la société arabo-islamique médiévale en tant que totalité englobant l'économique, le social, le culturel, le religieux etc. (*idem*). "C'est dans le cadre de cette unité, ajoute-t-il, et à la lumière de ses contradictions et de ses conflits, qu'il faut considérer cette philosophie si nous voulons vraiment écrire son histoire dans l'histoire elle-même..." (*Ibidem*). Même s'il critique sévèrement, sans les citer, certains chercheurs arabes marxistes, comme Husayn Muruwwa et Tayyib Tizzinî, pour leur dogmatisme, lui aussi s'inscrit tout compte fait dans une problématique marxiste, où le conflit Arabes/Persans remplace la lutte des classes. C'est ainsi que nous apprenons que dès le départ la philosophie apparut comme "un discours idéologique militant" (p. 79) qui avait pour ennemis "les éléments rétrogrades et conservateurs de la société, parmi ceux que leur intérêt ethnique ou leur intérêt de classe incitait à faire reculer l'histoire", (*Idem*). Pour comprendre donc toutes les spécificités de l'histoire de la pensée islamique et de son devenir, il faut, nous dit l'auteur, faire intervenir un acteur capital, qui est le gnosticisme, qui est défini "comme la croyance en l'existence d'une source de connaissance autre que la raison" (p. 81), derrière lequel se cache l'aristocratie persane (pp. 81-82). Même si les traducteurs ne le relèvent pas, on ne peut s'empêcher de voir dans cette thèse la reprise du thème médiéval de la *shu'ûbiyya*, qui donna lieu à une polémique entre Arabes et Persans notamment (p. 81-82 et également p. 91 le jugement portée sur Avicenne). Au gnosticisme persan, les Arabes opposèrent, nous dit-il, le *kalâm mu'tazilite* - dont il fait une présentation très contestable aujourd'hui - ainsi que la philosophie : elle "devrait être une arme contre l'offensive idéologique du gnosticisme dirigée contre les fondements mêmes de l'Etat" (p. 82). Mais la philosophie eut à affronter un autre adversaire redoutable - les docteurs de la Loi. La philosophie, nous dit l'auteur, se fit le porte-parole d'un mouvement qui aspirait "à un Etat bâti sur la raison, la fraternité et la justice" (p. 85). Cependant, en Orient, pour de nombreuses raisons, l'évolution de la philosophie suivit une courbe descendante et déclina. C'est à l'Occident musulman - Espagne musulmane et Maghreb - qu'échut la tâche de la faire revivre, surtout grâce à Averroès, dont la philosophie fut "un rationalisme critique et réaliste" (p. 144). A la fin de son ouvrage, l'auteur n'hésite pas à se réclamer de l'héritage averroïste qui devrait, à ses yeux, constituer le point de départ pour un renouvellement de la pensée philosophique dans le monde arabe. Car l'averroïsme a dépassé l'avicennisme : s'en tenir à ce dernier, c'est "vivre intellectuellement en marge de l'histoire" (p. 163).

Cet ouvrage pourrait être discuté dans le détail, notamment pour l'interprétation qu'il propose des œuvres de Kindî, Fârâbî, Ibn Sînâ, Ibn Rushd, Shâtibî, Ibn Hazm, ainsi que de l'histoire du monde islamique et du Maghreb. On s'en tiendra ici à quelques remarques :

- Sous prétexte que les peuples arabes doivent suivre leur propre cheminement vers la modernité, l'auteur débouche sur une dissolution du concept de modernité en posant qu'il n'y a que "des modernités, différentes d'une époque à l'autre et d'un lieu à l'autre" (p. 25). Par ailleurs, les éléments constitutifs de la modernité sont la rationalité et la démocratie (pp. 26 et 29), auxquels il faut adjoindre la "perspective historique", qui fait tant défaut aux Arabes (p. 46). Cette conception de la modernité installe l'adversaire dans "une irrationalité moyenâgeuse" (p. 29) et débouche sur l'exaltation du rationalisme ("face à cette irrationalité arriérée, seul le rationalisme se présente comme une arme efficace").

- L'hymne au rationalisme se conjugue avec le rejet de la métaphysique. Selon l'auteur, la philosophie ne réalise pleinement son projet que quand elle fait de "la Science... le seul fondement sur lequel [elle] bâtira son édifice" (p. 105).

- Le jugement sur Avicenne, accusé d'avoir "consacré un courant spiritualiste et gnostique dont l'impact fut déterminant dans le mouvement de régression par lequel la pensée arabe recula d'un rationalisme ouvert (...) vers un irrationalisme délétère, promoteur d'une pensée des ténèbres" (p. 92) est léger. L'auteur ne veut sauver que l'auteur du *Shifâ*, c'est-à-dire que l'Avicenne péripatéticien. La thèse de l'auteur s'inscrit ici à contre-courant de celle défendue par Corbin.

- Alors qu'il cite tous les grands noms de l'Espagne musulmane, il tait soigneusement celui de Muhyî-Dîn Ibn

'Arabî. Car en même temps qu'il condamne le gnosticisme, il rejette le soufisme, au nom d'une conception étroite de la rationalité.

- On ne peut ignorer ses jugements hâtifs sur l'orientalisme (pp. 69-70 et 79). Il n'existe guère d'orientalistes aujourd'hui qui continuent à soutenir que la philosophie islamique n'est que la "simple répétition" de la philosophie grecque.

Charles Maurras et les catholiques français (1890-1914). Nationalisme et positivisme
de Michael Sutton
(Trad. franç. Beauchesne, Paris, 1994)
par ***François Boituzat***

La querelle des inventaires, issue de la loi de séparation de l'Eglise et de l'Etat, marque l'acte de naissance politique de l'Action Française. Au moment où Pie X se montre de plus en plus intransigeant, celle-ci y trouve l'occasion de s'initier à l'art de l'émeute au nom des intérêts de l'Eglise et de rallier une majorité de chrétiens sur fond d'une alliance entre catholiques, agnostiques et athées, ourdie par Maurras en 1899. Sa condamnation en 1926 par Benoît XV marquera le début d'un déclin qui s'étendra jusqu'en 1939, date de l'acte d'obédience à Pie XII. Or c'est dès 1914 que la Congrégation du Saint-Office condamne les œuvres maîtresses de son instigateur et la revue *L'Action française*. Décret que ratifie Pie X, pour en suspendre aussitôt l'application.

L'histoire de la constitution et de la réception catholique de cette alliance jusqu'à la Grande Guerre constitue l'objet du livre de M. Sutton. Les termes de l'alliance sont empruntés explicitement à Comte. Quiconque n'est pas catholique doit placer au centre de ses pensées l'être le plus grand positivement connu, soit, ce qui n'est déjà plus comtien, la Patrie, et défendre l'Eglise qui en constitue le meilleur rempart. Dès 1905, M. Sangnier, dont le christianisme social sera condamné par Rome en 1910, transforme cette alternative en un dilemme et met en question la compatibilité entre le positivisme monarchique de Maurras et le catholicisme. Mais ce sont deux autres partisans du ralliement à la République, Blondel et surtout Laberthonnière (interdit de publication par la Congrégation en 1913), qui ferraillent contre ceux qui, à l'instar du père Descoqs, entendent donner une assise chrétienne au nationalisme intégral. M.Sutton éclaire cette controverse théologico-politique qui, portant sur la nature même de l'Eglise, met en jeu les rapports de la Rome terrestre à la Jérusalem céleste et les corrélations entre l'ordre naturel et l'ordre surnaturel au sein du catholicisme romain.

Mais son propos est plus ambitieux et plus contestable. Prétendant dégager la modernité des présupposés philosophiques du nationalisme maurrassien, il croit en trouver le ressort dans la "synthèse subjective" par laquelle, rompant avec toute théorie de la loi naturelle, Comte subordonnerait la morale à la politique et conduirait au totalitarisme.

Les enfants du bon Dieu : les catholiques français et la procréation au XX ème siècle
de Martine Sevegrand
(Albin Michel, Paris, 1995)
par *Thomas Bourgeois*

Limiter le nombre des naissances semble être, depuis des siècles, à la lecture des statistiques, la préoccupation des familles françaises. Cette grave violation des lois naturelles et divines s'accorde mal avec la morale catholique. Malgré tout, l'Eglise hésite à imposer sa condamnation des pratiques malthusiennes anticonceptionnelles; préserver la pratique religieuse reste un objectif autrement plus important, après la tourmente révolutionnaire, que de rentrer dans l'intimité du lit conjugal; de plus, le clergé apparaît divisé sur la question, malgré le *Syllabus* de Pie XI condamnant les idées et les libertés modernes.

Mais à la fin du XIX ème siècle, la chute de la natalité fait craindre pour le remplacement des générations : il y a nécessité d'un sursaut national. Les thèmes du Mouvement nataliste - patriotique et laïc - fait craindre aux théologiens une dérive de cette campagne en une attaque contre le célibat qui s'en prendrait indistinctement au célibat par égoïsme et au célibat par dévouement. On entrevoit la menace : le célibat des prêtres...

Cependant, il faut attendre 1939 pour trouver un texte collectif sur la dénatalité émanant des cardinaux français. Entre-temps, le Parlement vote le 31 juillet 1919 une loi - l'influence des milieux catholiques aidant - dont le but est d'assurer la sécurité du pays contre le péril de la dépopulation et d'étouffer la propagande malthusienne; cette loi, très répressive, resta en vigueur jusqu'en 1967.

On s'aperçoit que la polémique ne cesse de diviser, jusqu'à être comparée en 1964 par le Cardinal Suenens à un "nouveau procès de Galilée". Mais, malgré l'évolution divergente du Magistère romain et de l'opinion publique, les moralistes catholiques souhaitent restaurer la morale traditionnelle. L'aboutissement de ce travail date de 1968 avec la publication, en pleine révolution sexuelle, d'*Humanea vitae*. Mais, l'Eglise a-t-elle constamment, et d'une seule voix, enseignée que la contraception est "intrinsèquement mauvaise" ?

La lecture de cette étude permet d'observer que l'Eglise catholique, une fois de plus, se polarise sur la question de la sexualité. On mesure aussi l'abîme qui sépare la hiérarchie pastorale de la masse des fidèles.

Marville, Paris
de Marie de thézy
(Hazan Ed., Paris, 1994)
par ***Cyril Epstein***

La plupart des photos que prit Charles Marville de Paris, entre 1850 et 1878, sont réunies dans ce recueil. A partir de 1858, celui-ci travailla sur commande des services du Baron Hausmann; ses photos sont donc étroitement liées aux différents aspects des travaux gigantesques d'urbanisation de Paris.

La partie la plus importante des travaux du Préfet de la Seine était la percée de 64 kilomètres de voies nouvelles, permettant, à l'heure de l'industrie naissante et de l'expansion de la capitale, le développement de la circulation. Cette urbanisation se précisait de l'aménagement de nombreux réverbères, vespasiennes, kiosques et colonnes Morris, aux décorations caractéristiques dues à Gabriel Davioud. Ce mobilier urbain allait contribuer à donner son style et son unité à une ville récemment étendue par l'annexion de 1860 des communes limitrophes, dont certaines avaient encore l'allure de villages. Enfin, il y avait un souci hygiénique qui présidait aux travaux : apporter *de l'eau, de l'air, de l'ombre* aux parisiens (Napoléon III); et, aux nouvelles voies qui étaient comme les artères de la capitale, s'ajoutaient l'aménagement des Bois de Boulogne et de Vincennes (les deux "poumons" de Paris), la création de parcs et de nombreux squares.

Tout cela, Marville nous le montre. Se déplaçant au rythme des percées, ses photos soulignent le contraste entre deux villes, la nouvelle, faite de larges avenues droites et boisées, bordées de nombreux immeubles en pierre de taille, mais aussi s'accompagnant d'œuvres imposantes, marchés en fer, monuments au style éclectique; et celle amenée à disparaître. Les rues sont alors tortueuses, étroites, les maisons inclinées, les caniveaux à ciel ouvert laissant deviner l'insalubrité. Sans doute fallait-il ainsi justifier la nécessité d'aménagements et permettre de mieux faire ressortir la grandeur du nouveau Paris; mais il reste - était-ce la volonté de Marville ou est-ce l'effet d'un jugement rétrospectif ? - que les photos prêtent à ces rues un certain charme; elles ont surtout une très grande valeur pour conserver la mémoire des transformations d'une ville dont la figure actuelle prend forme ici, sous nos yeux.

Gingerbread Man - CD-ROM MAC.
The Residents.
Ion & The Cryptic Corporation, 1994.
par *Vincent Fournut*

Nous sommes dans la préhistoire des nouvelles technologies. Pour analyser les œuvres qui en découlent, il faut se mettre dans un état d'esprit comparable à celui de l'homme de 1895 assistant aux premières projections des frères Lumière : indulgent envers la rusticité des techniques actuelles, et rigoureux pour découvrir dans la masse de produits nouveaux les œuvres qui posent les bases du langage multimédia interactif et s'interrogent sur ses possibilités. *Gingerbread Man* des Residents (groupe anonyme d'artistes américains, connu pour ses expérimentations scéniques et musicales) appartient sans nul doute à cette catégorie.

Ce CD-ROM nous invite à explorer les mémoires tourmentées de neuf personnages sur le point de mourir (la tisseuse, le roi du pétrole, le transsexuel troublé, l'artiste en solde, l'ascète, l'ancien soldat, le musicien vieillissant, le boucher, la vieille femme). La visite - non guidée - s'effectue via une interface originale ne se limitant pas au seul "clic" de la souris mais utilisant toutes les potentialités du clavier (une touche pour une parole, un son, une musique, un texte, une photo, un tableau etc.). Elle permet de déployer une arborescence narrative complexe à même de rendre compte de l'enchevêtrement des pensées et des émotions. Cette impression organique est accentuée par l'utilisation de langages informatiques habituellement réservés à des programmations lourdes autorisant des combinaisons à l'infini entre les différents souvenirs de chaque personnage.

Ce CD-ROM est traversé par l'opposition entre la fragmentation, la discontinuité des souvenirs, et le thème musical obsédant de *Gingerbread Man*, entre l'appartenance à un passé révolu des personnages et la modernité de l'œuvre.

Gingerbread Man est la première œuvre multimédia diffusée sur CD-ROM qui s'affranchit des motifs didactiques, ludiques ou promotionnels imposés par les études de marketing. Aux lecteurs de cette œuvre, *The Residents* ne proposent que d'exprimer leur propre univers mental et de porter témoignage sur l'époque actuelle.

Cet acte fondateur autorise les nouvelles technologies de l'information à accéder, enfin, au rang d'un nouvel art porteur de sens, d'émotion et de plaisir.

Orwell, Anarchist Tory
de Jean-Claude Michéa
(Ed. Climats, Castelnau-Le-Lez, 1995)
par ***Dominique Lecourt***

Voici un petit livre écrit à la serpe par un professeur de philosophie de Montpellier dont les cent quarante pages valent bien des traités parisiens sur "l'après-communisme". Michéa se donne pour objectif de faire reconnaître - ou plus exactement connaître - l'œuvre philosophique de George Orwell. Quelques pages en ont été traduites en français en 1960, mais qui ne sont plus même disponibles. De Orwell, on n'a voulu en France retenir que deux romans (*1984* et *La ferme des animaux*). On peut ainsi le ranger parmi les conservateurs et les pessimistes. On perd ainsi le plus précieux d'une œuvre rebelle à ce partage qu'a sacralisé la guerre froide pendant un demi-siècle. Voici donc, dans tout son tranchant, la pensée d'un homme qui se veut socialiste dès les années trente, que le fascisme et le nazisme horrifient, mais qui rejette viscéralement le stalinisme.

Un écrivain qui dénonce avec la dernière virulence le lien de complicité que les intellectuels progressistes ont noué et maintenu avec le régime soviétique. Et qui s'interroge sur "l'anesthésie" qui frappe les idéologues devant ces horreurs. Mais Orwell n'a pas plus de complaisance à l'égard de la démocratie libérale moderne de facture anglo-saxonne : on y a dévasté le langage au point de nous priver des mots qui puissent exprimer "la part la plus importante de notre pensée" : "les attirances et les répulsions, tous les sentiments esthétiques, toutes les notions du bien et du mal". Michéa restitue brièvement les débats acides qui opposèrent Orwell à ses contemporains, et notamment à H.G. Wells. Ses notes apparaissent comme autant de scolies qui montrent bien qu'en cette œuvre *c'est de nous qu'il s'agit.*

Rhétorique Spéculative
de Pascal Quignard
(Calmann-Lévy, Paris, 1995)
par ***Pascal Nouvel***

J'appelle beau livre celui dont on dit, après l'avoir refermé, "je relirai ce livre". Ainsi, j'appelle "beau livre" le livre de Pascal Quignard, *rhétorique spéculative*, qui rassemble six textes de longueur très inégale (une à 90 pages). Le dernier, le plus court, paraît être une sorte de manifeste éditorial un peu sibyllin; du premier, le plus long, on pourrait dire qu'il est l'exposé de la thèse qui donne son titre à l'ouvrage ("j'appelle rhétorique spéculative la tradition lettrée antiphilosophique qui court sur toute l'histoire occidentale dès l'invention de la philosophie") s'il n'y avait pas quelque chose d'absurde à dire qu'une thèse est défendue là où s'exprime précisément la plus grande méfiance à l'égard des thèses. Il se pourrait que l'incursion un peu fréquente de citations latines, comme si on avait voulu mettre des têtes d'ancêtres dans la pâte des mots, ne soit pas la meilleure trouvaille de l'auteur. Mais le texte, d'une somptueuse sobriété, le style, limpide comme un jus de pommes acides, cisaille l'air d'une foudre pulpeuse comme une patte de chat, comme sous le piolet d'un alpiniste le jaillissement d'éclats de glacier brillants dans l'azur des mots. Et non pas la pensée des mots, mais le corps, la chair, le sexe - verge, vulve - des mots, le sexe chuintant comme lors d' un piqué de rapace, le froissement des plumes et de l'air. Puis déchirant d'un bec sec sa proie d'où vient gicler l'humide dégât du sang : "le langage littéraire est le langage nu jusqu'à l'effroi". C'est rythmé d'étoiles typographiques, par saccades et par bonds, par mouvements d'épaules et coups de reins, que s'avance ce texte magnifique. Sans doute s'inscrit-il, comme le veut l'auteur, dans une tradition persécutée, mais celle-ci existe aussi dans la philosophie. La philosophie a ses lépreux, ses têtes maudites, celles qui montent mal en chaire, par ailleurs curieusement compromises avec la chair. Ce livre est donc un livre pour philosophe, un livre de philosophe, car ce n'est pas sans être animé d'une pensée philosophique qu'on perçoit "l'existence d'une opposition irréconciliable à l'encontre de la tradition philosophique". Pour sentir si bien un ennemi, il faut être sur son terrain.

Le monde de Sophie. Roman sur l'histoire de la philosophie.
de Jostein Gaarder
(Trad. Le Seuil, Paris, 1995)
par ***Arild Utaker*** (Norvège)

Enfin un livre d'un auteur norvégien qui se vend à l'étranger ! Que Gaarder ait écrit un livre sans précédent ne tient pas seulement à ses qualités d'auteur de livres pour la jeunesse et qu'il ne soit pas "philosophe de profession". Pour comprendre le succès du livre, il ne suffit cependant pas d'invoquer un besoin de philosophie, au support médiatique bien réel, auquel il aurait su répondre.

Le succès du livre tient à la manière dont il est construit. Deux mondes y sont décris; celui de Sophie et celui de la philo-sophie. Le monde de la philo-sophie est transmis d'une manière simple et pédagogique à travers un monde très compliqué qui est celui de Sophie. Nous sommes invités à un roman policier pour découvrir le monde de Sophie : Qui envoie à Sophie le cours de philosophie ? Qui est Hilde dont Sophie reçoit les lettres ? Et lorsqu'elle rencontrera son professeur cela sera pour comprendre qu'elle - comme lui- n'existent pas. Ils ne sont que des figures dans un récit destiné à être lu par Hilde. Dès lors l'histoire sera prise en main par Hilde qui commence à lire *Le monde de Sophie*, tandis que Sophie et son professeur cherchent à échapper à leur créateur-auteur. Ils n'y réussiront qu'à moitié.

Le livre de Gaarder est le contraire d'*Alice au pays des merveilles*. Tandis qu'Alice entre dans un monde où la philosophie - à travers ses yeux innocents - est réinventée, ici l'intrigue reste extérieure au contenu philosophique qui est transmis à Sophie. La magie de Sophie face à la trivialité de la philosophie ? Au lecteur d'en juger. La philosophie y est en tout cas exposée selon les thèmes et les normes les plus traditionnels. Ce n'est pas une histoire des problèmes philosophiques au niveau de problèmes mais plutôt un panorama des points de vue qui peut satisfaire un certain goût pour la philosophie, qui n'est pourtant ni dangereux ni provoquant. Un supplément d'âme pour un récit amusant, où il ressort qu'il fait du bien de s'étonner un peu. Gaarder fait cependant, sur deux points, un rapport entre le monde de Sophie et la philosophie. L'évêque Berkeley devient un philosophe névralgique car Dieu est comparé à l'auteur qui fait exister Sophie. "L'ironie romantique" est invoquée pour nous montrer que, si d'un côté il faut croire à Sophie et à ce qu'elle pense, de l'autre côté elle n'est rien d'autre qu'une figure dans un roman.

Le monde de Sophie fait double emploi entre le roman et le livre scolaire, projetant le charme du premier sur la sécheresse de l'autre; nous donnant une philosophie légère, qui n'est pas le contraire de la philosophie académique mais plutôt sa réplique au niveau de l'opinion, et ne faisant de mal à personne. La situation dont le succès du livre est le symptôme ne doit pas être sous-estimée. Si cette situation montre un besoin d'avoir des opinions "philosophiques" - un peu comme un substitut de la religion - ce livre sonne la fin de la philosophie. Mais si ce besoin exprime une soif de la pensée, d'une pensée dont l'activité se fait contre les opinions et les médias, il faut s'en réjouir. Je suis peut-être trop vieux pour en dire plus, j'attends donc que ma fille m'éclaire.

Un auteur : Kenzaburo OÉ·
En traduction française : *Dites nous comment survivre à notre folie, Le jeux du siècle, M/T et l'histoire des merveilles de la forêt sont des nouvelles* (Gallimard) et *Lettres aux années de nostalgie* (Stock).
par ***Jean-Luc André d'Asciano***

En 1957, Kenzaburo Oé s'enferme chaque nuit dans sa chambre universitaire et écrit, en buvant du whisky avec des tranquillisants, *Un drôle de travail*. L'histoire d'un étudiant qui, pour financer ses études, est employé par un laboratoire : il doit abattre les chiens ayant servi aux expériences du lieu.

Première nouvelle qui en fait de suite une des figures littéraires du Japon moderne, et le désigne comme un écrivain, une fois de plus, symbolique de cette scission entre l'avant et l'après-bombe : Oé passe d'abord pour le chantre d'une jeunesse aux contes certes cruels mais surtout égarée par ce nouveau monde qui n'a rien à voir avec leur enfance mythique. Mais Oé est un auteur plus redoutablement violent qu'un simple semi-nostalgique d'une époque faussement innocente : si dans *M/T et l'histoire des merveilles de la forêt*, il nous raconte une légende féerique sur l'origine de sa vallée natale. *Dans Le jour ou Il daignera lui-même essuyer ses larmes*, il s'agit bien de la même vallée, mais cette fois vue à travers les lunettes de plongée recouvertes de cellophane d'un fou grabataire. Celui-ci raconte à une femme - infirmière ou épouse, il ne veut pas le savoir - comment son père obèse, en décomposition littérale par la suite d'un cancer des intestins, descend à la ville pour sauver l'Empire, et cela grâce à un cambriolage. Et la mère du grabataire de nous décrire l'hallucinante vision du fils minuscule accompagnant le père obèse et ayant pour fonction d'essuyer ses permanentes déjections due à son cancer. Oé est donc un écrivain violent : et sa violence est autant interne qu'externe, il s'agit de la soudaine intrusion du réel, de l'innommable, dans la conscience de ses personnages, innommable provenant tant du monde qui les entoure que des mondes qui sont eux. Il nous parle du mal, de la mort, des pères, de leur rejeton et de leur folie commune, nominale, mais aussi du désir et de son ambiguë fonctionnement. *Gibier d'élevage* est l'histoire d'un noir américain prisonnier dans un village des montagnes. Noir musculeux, bête de somme fabuleuse, il signifie pour le narrateur tant la compréhension du désir que ses corrélats soudain : inscription dans le temps et la mise en perspective de la mort. Sexualité toujours avec *Homo Sexualis* (1963), ou la vie d'un "pervers du métro" dont le premier plaisir est d'éjaculer contre les jeunes filles des heures de pointe.

Mais la violence d'Oé va à la fois atteindre son point culminant et s'organiser en 1964 : il a alors vingt-neuf ans et devient le père d'un bébé handicapé. Violence à double sens : d'abord l'envie absolue de tuer l'enfant - au risque de le rejoindre ensuite dans la démence, tel le personnage d'*Agwīī le monstre des nuages* - mais bien plus réellement, et avec bien plus de douleur, la violence amoureuse du père pour son fils, et la dépendance qui s'instaure du père vers le fils.

Le père et le fils : ce doublet sera dorénavant le point central autour duquel vont s'organiser nouvelles et romans, et tendre petit à petit vers quelque chose qui ressemble à de la sérénité.

Ainsi dans *Dites nous comment survivre à notre folie* (Nouvelle donnant le titre au recueil français et dans lequel vous ne trouverez ni *Homo Sexualis*, ni *Un drôle de travail*, non encore traduits), le narrateur-écrivain est coincé entre la folie de son père et celle de son fils, devenant aussi obèse que l'enfant, formant alors un couple en symbiose, celui d'une famille pingouin traversant la ville sur un vélo débordant de chair pour aller manger du bouillon d'os aux nouilles ! En quarante pages, l'auteur nous décrit comment il devient un père paranoïaque, excluant femme et médecins dans les soins de son gargantuesque enfant, et comment il s'efforce d'éveiller la moindre parcelle d'intelligence de ce fils si impérieusement encombrant.

Dans *Une existence tranquille*, livre écrit en 1990 et publié en France quelques semaines après l'attribution de son prix Nobel, la famille "littéralisée" de l'écrivain s'est agrandie; au fils handicapé se sont adjoint un fils passant ses examens et une fille le cap de sa majorité. Et c'est elle qui raconte : tout est alors beaucoup plus calme, peut-être trop, et l'on peut regretter cette façon d'écrire tenant du discours obsessionnel qui caractérise ses nouvelles. Mais il s'agit ici aussi, pour Oé, d'imaginer son foyer en son absence : le voilà parti pour lutter contre l'une de ses habituelles "crises", et tout comme dans *Dites nous comment survivre à notre folie*, il s'efforçait d'accepter l'idée que son fils allait mieux en son absence, il avance ici cette idée à la totalité de sa famille. Mais outre l'exercice de l'absence du père apparaît celui de la présence du sexe. Le livre s'ouvre sur la colère de sa fille quand elle soupçonne son père de vouloir mettre son fils "à la natation" pour dompter ses pulsions sexuelles - ne risque-t-il pas un jour de violer une petite fille ? - pour se terminer sur ce même fils empêchant sa sœur de se faire violer par le pseudo maître nageur. Au cours de cette boucle narrative qui ne manque pas d'humour nous serons décrites - sans lourdeur - un certain nombre de postures sexuelles : du fils ne comprenant pas ce qu'est son érection à un autre handicapé exhibitionniste, en passant par un véritable agresseur de fillette et le maître nageur qui ont tous deux un étonnant point commun : ils connaissent le père. Le premier par une conférence sur la prière qui l'a troublé au point de commettre des agressions autour de la maison de l'écrivain, le second parce qu'ayant lui-même était le sujet d'un livre de ce décidément bien encombrant faiseur d'histoire. Si tout cela est donc vue par la fille de l'auteur, lui permettant alors de s'effacer aussi stylistiquement, voir même de se critiquer, nous retrouvons les thèmes récurrents de son œuvre : violence, mort, sexualité et filiation sont bien présents, et s'organisent autour de cet énigmatique et colossal fils, point central de tous les textes d'Oé. Non pas, comme dirait Barthes, un "sujet vide", autour duquel "l'imaginaire se déploie circulairement, par détours et long retours", mais un sujet interrogateur, un sujet engendrant à la fois l'angoisse et l'apaisement - et c'est dans ce balancement que réside la tonalité d'Oé - un sujet donc et central et absent et plein, celui du totalement autre, le fou.

CHRONIQUE

LES BUTS ET LES ACTIONS DE L'ASSOCIATION DIDEROT

Pascal Nouvel

L'Association Diderot prendra prochainement le nom de Fondation Diderot. Anticipant sur cette mutation statutaire, elle s'est dotée d'une devise qui résume et symbolise son projet : "Science, Philosophie et Aventure Humaine".

La science est au cœur de l'aventure de l'Occident depuis près de quatre siècles; elle en a profondément affecté les pratiques et les modes de pensée. Elle a notamment fait prévaloir l'idée que la spécialisation était la condition de la rigueur et la précision dans la connaissance. Ainsi nous voyons de plus en plus se répandre la croyance selon laquelle un problème ne peut recevoir de solution qu'après avoir reçu un traitement approprié grâce aux soins et à la sagacité d'experts qualifiés. Dans un tel contexte, la place du philosophe, "spécialiste en généralité" apparaît plutôt incertaine, voire superflue.

Ainsi, à la question "à quoi sert la philosophie ?", il semblerait qu'on puisse fournir une réponse simple et nette : à rien. Les philosophes constitueraient un groupe vaguement retardataire attaché à des traditions surannées. De fait, après plus de vingt-trois siècles de réflexion, peut-on seulement parler d'une connaissance philosophique ? Quel contraste avec les sciences qui, en à peine trois siècles, ont incontestablement modifié l'environnement humain, pour le meilleur et parfois pour le pire. La philosophie apparaît ainsi comme une activité vaine et décevante promettant toujours plus qu'elle ne peut tenir. A voir les philosophes se contredire sans cesse entre eux dans d'interminables débats plus ou moins compréhensibles du profane, mais dont les termes étaient à l'évidence incertains et discutables, on tirait la conclusion qu'aucun progrès n'était à attendre de ces arguties.

Ce point de vue est certainement justifié. La philosophie ne connaît pas de "progrès". Mais de ce qu'elle ne "progressait" pas, fallait-il tirer la conclusion que la philosophie était inutile ? La référence au critère de "progrès" pour juger de la valeur d'une connaissance n'est-elle pas en elle-même un acte philosophique ?

A mesure que s'accumulaient les productions savantes "précises et rigoureuses", celles-ci devenaient de plus en plus hermétiques et accessibles seulement à quelques rares spécialistes. Elles acquirent bientôt l'usage principal qu'elles ont encore aujourd'hui : constituer le signe extérieur de l'activité du chercheur. Ainsi, la littérature scientifique, dont la vocation première était d'être le récit d'un acte de connaissance, devenait la monnaie en cours dans les procédures d'évaluation de la recherche.

Il devenait par ailleurs impossible pour un seul individu de réaliser une synthèse des connaissances de son temps, ce qui le condamnait à une sorte d'ignorance paradoxale, puisqu'elle survenait alors même que l'étendue des savoirs n'avait jamais été aussi vaste. Imputant à Descartes et à son principe de "division des difficultés" la cause de cette situation, certains sociologues tentèrent d'élaborer une épistémologie "non cartésienne" qui accoucha de la notion de "*complexité*".

Au même moment, les théories de l'auto-organisation, la thermodynamique des processus irréversibles, et les théories du chaos qui avaient pour point commun de faire de l'aléatoire et du hasard un des aspects irréductibles du monde physique, mettaient en cause la notion de déterminisme.

Lorsque le mathématicien René Thom, les accusant toutes ensemble de "glorifier outrageusement le hasard" déclencha "la querelle du déterminisme" au motif que la science ne saurait se concevoir sans un postulat déterministe, on découvrit que cette notion qui s'était constituée et fortifiée au XIX ème siècle n'avait pas perdu de sa vigueur en dépit de ce qu'avaient pu laisser croire les débats ouverts par la physique quantique, qui, à travers notamment le principe d'incertitude d'Heisenberg, avait déjà fissuré le mythe du déterminisme absolu. On vit alors se former l'alliance du complexe et du chaotique qui se présentait comme un opposant au mode de pensée scientifique traditionnel.

La neurobiologie qui développait parallèlement des moyens d'analyse des systèmes neuronaux, semblait devoir offrir au matérialisme le plus intransigeant la caution d'un physicalisme rigoureux. Dendrites et axones, transmettant ce qu'on convenait désormais de nommer un signal sous forme électrique ou chimique dans un réseau aux innombrables connexions, redonnaient de la vigueur à l'idée de "décrire matériellement la vie psychique". L'homme devenait neuronal.

La théorie de l'information, fondée sur la possibilité de convertir un message en signaux binaires auxquels tout message semblait pouvoir être réduit, fournissait la base de ce qu'on n'hésita pas à appeler "neurone formel", qui laissait rêver à ce qu'on n'hésita pas davantage à baptiser "intelligence artificielle".

Ce mouvement conjoint de la neurologie vers le matérialisme et de l'informatique vers la formalisation de la pensée semblait ouvrir la voie à une "biologie de la conscience", non plus seulement une science psychologique fondée sur l'observation clinique des comportements humains, mais bien la science physicaliste des temps modernes, la science de l'être en tant que conscience neuronale.

Le débat qui s'engageait alors entre les deux alliances de la complexité et du chaos d'une part, de l'informatique et de la neurobiologie d'autre part, laissa croire un moment qu'il fournissait le cadre obligé de toute discussion sur la science.

Mais si pour saisir rigoureusement ses objets, la démarche scientifique exige le déploiement d'un appareillage technique, la perception des enjeux philosophiques qu'elle comporte exige au contraire que soit mis à l'écart cet appareillage et plus encore les modes de pensée sur lesquels ils reposent. Une réflexion philosophique qui ne se refuse pas à prendre en compte la spécificité de la démarche scientifique, sans pour autant s'y identifier, pourrait trouver là sa juste place. Souvent ressentie comme nécessaire, une telle réflexion est néanmoins demeurée marginale. Elle a contre elle un fort clivage institutionnel qui en France notamment, mais aussi dans de nombreux autres pays, a contribué à isoler ces deux activités.

L'Association Diderot a pour vocation de réduire ce clivage en invitant les scientifiques à engager une réflexion philosophique sur leurs pratiques et les philosophes à être à l'écoute des démarches et des scientifiques. La philosophie, au sens où Diderot l'entendait, était une invitation à découvrir que "l'*homme d'esprit voit loin dans l'immensité des possibles*". Ainsi, c'est sous l'égide de Diderot que l'Association qui lui a emprunté son nom a placé le sens de son effort et s'est fixée pour objectif de rappeler que le mode de pensée philosophique n'est pas la propriété de "professionnels", mais qu'il concerne au contraire chacun.

Loin de concevoir l'avenir comme limité par quelque implacable loi, l'esprit philosophique invite au contraire, par un questionnement exigeant, à saisir ce qui fait l'ironie et la saveur de l'existence humaine, le fait d'être le sujet d'une "aventure".

Concrètement, l'Association Diderot s'attachera à promouvoir et à organiser des tribunes et des lieux de discussions où pourront être abordées sous l'angle philosophique, les questions que soulèvent notamment les progrès de la recherche scientifique. La revue l'*Aventure Humaine* est elle-même l'une de ces tribunes. Par ailleurs, les "Forum Diderot", fruit d'une collaboration entre le Centre d'Etudes du Vivant de l'Université Paris VII-Denis Diderot et de l'Association Diderot, constitueront dès la rentrée prochaine un lieu de réunion et de réflexion où chercheurs et philosophes engageront des débats publics.

GRIFFE

Opus vitae ?

Le lundi 29 juillet 1968 le Pape Paul VI rendait publique l'encyclique *Humanae Vitæ*. Il s'opposait à l'usage de la pilule. Avec l'*Evangile de la Vie*, Jean-Paul II ne fait-il que rappeler une nouvelle fois, la doctrine de l'Eglise en matière de contraception et d'avortement (pratiques auxquelles il adjoint maintenant l'euthanasie) ? Passant de "la vie humaine" à "la vie", le Pape innove en fait dangereusement : la "vie" que la tradition catholique s'employait à spiritualiser par les sacrements - à commencer par le baptême, conçu comme une "deuxième naissance" - il l'entend en un sens biologique. Voici donc le vivant sacralisé. L'Europe en a déjà fait l'épreuve. De certains hymnes à la vie aux pratiques administratives de la mort, la ligne est droite, lorsqu'on accepte que ce soit à la biologie qu'il revienne de définir "la vie".

D.L.

BULLETIN D'ABONNEMENT

L'AVENTURE HUMAINE

20 bis, Bd. de la Bastille - 75012 Paris

M., Mme, Mlle :

Adresse :

Code Postal :

Ville :

Pays :

désire s'abonner à *L'Aventure Humaine* pour une période d'un an (4 numéros) :

FRANCE	200 FF
DOM-TOM	même tarif
ETRANGER	300 FF

Date Signature

Règlement à la commande par chèque bancaire ou postal libellé au nom de *L'Aventure Humaine*.

Afin de ne subir aucun retard dans la réponse à votre commande, nous vous remercions de joindre le chèque à celle-ci.

Achevé d'imprimé le 15 mai 1995 dans les ateliers de
l'imprimerie Hérissey - Evreux.